DAMPF

Aromatisch — Überraschend — Vielfältig

Ulrike Zika & Alexander Höss-Knakal

DAMPF

Aromatisch — Überraschend — Vielfältig

Foodfotografie:
Mayer mit Hut / Stefan Mayer

KNEIPP
VERLAG WIEN

Inhalt

Einleitung

Die kulinarische Technik des Dampfgarens ist mehrere tausend Jahre alt und stammt ursprünglich aus China. Im Reich der Mitte ist diese wertvolle Art der Zubereitung von Speisen seit Langem ein wesentlicher Bestandteil des Kochens sowie der Ernährungslehre, die bis heute ein wichtiges Gebiet der ganzheitlichen, traditionellen Medizin ist. Schon 200 v. Chr. waren in China Dampftöpfe im Einsatz. Über Japan und Indien kam die Methode des schonenden Garens über Wasserdampf schließlich nach Europa. Heute ist das Zubereiten über Dampf auch bei uns aus der modernen und gesundheitsbewussten Küche nicht mehr wegzudenken.

In den Anfängen garte man Speisen in einfachen Bambuskörben, die in einem Topf über kochendem Wasser übereinandergestapelt wurden. Die berühmten Dim Sum werden bis heute auf diese traditionelle Art zubereitet. Naturgemäß hat sich der Mensch über die Jahrtausende eine Reihe ausgeklügelter technischer Weiterentwicklungen einfallen lassen und wir können heute mit hochmodernen Combidampfgeräten weit mehr als einfach nur dämpfen.

Was sind die Vorteile des Dampfgarens?

Dampfgaren vereint eine Vielzahl von kulinarischen und gesundheitlichen Vorteilen. Ob Knödel, Strudel, klassisches Gemüsegericht, Geflügel, Fisch, Fleisch oder deftige Süßspeisen: Die sanfte Garmethode sorgt stets für saftige und appetitliche Ergebnisse. Auch das optische Erscheinungsbild von Dampfgegartem schneidet gegenüber anderen Zubereitungsmethoden deutlich besser ab. Darüber hinaus ermöglicht das Dämpfen, Mahlzeiten einen gesundheitlichen Mehrwert hinzuzufügen, denn Vitamine, Mineralien und andere Nährstoffe bleiben im Gegarten wesentlich besser erhalten. Neben dem gesundheitlichen Mehrwert bestechen die sinnliche Erfahrung und der Genuss. Beim Dampfgaren und beim Combidämpfen entstehen Aromen und Konsistenzen, die Sie mit herkömmlichen Zubereitungsmethoden einfach nicht hinbekommen werden.

Was früher Spitzenköchen in der gehobenen Gastronomie mit ihren Konvektomaten vorbehalten war, ist heute auch im Privathaushalt keine Hexerei mehr. In modernen Dampfgar- und Combidampfgargeräten entstehen himmlisch leichte Soufflés ebenso wie saftige und gleichzeitig knusprige Geflügelgerichte, fluffig leichtes Brot und Gebäck mit knuspriger Krume oder Gemüsegerichte mit solch intensivem Eigenaroma, dass Sie bei einer gesunden Auswahl der Zutaten eben nicht mehr auf kulinarischen Genuss und erfüllenden Geschmack verzichten müssen.

Neben den gesundheitlichen und kulinarischen Vorteilen darf der zeitliche Nutzen des Dämpfens nicht unerwähnt bleiben. Ein unbeaufsichtigtes Garen im Gerät ermöglicht, dass wir bei der Zubereitung der Mahlzeit nicht durchgehend in der Küche anwesend sein müssen. Kostbare Zeit wird für anderes frei. Bei modernen Geräten lassen sich mittlerweile mehrere Garschritte nacheinander programmieren, sodass sich das Gargut wie von Zauberhand in ein

> *Eure Nahrungsmittel sollen eure Heilmittel sein und eure Heilmittel sollen eure Nahrungsmittel sein.*
>
> HIPPOKRATES

hochwertiges Mittag- oder Abendessen verwandelt, während Sie im Homeoffice noch in Ruhe den Tag abschließen, gemütlich die Zeitung lesen, mit Ihren Kindern spielen oder einen Spaziergang machen.

Gesund, nährstoffreich und wohlschmeckend

Beim herkömmlichen Kochen in heißem Wasser werden häufig wertvolle Bestandteile aus den Nahrungsmitteln herausgelöst und mit dem Kochwasser weggeschüttet. Was für eine Verschwendung! Das Ergebnis sind fade und geschmacksarme Mahlzeiten, die nur unseren Magen füllen und die heute niemand mehr auf dem Teller haben möchte. Beim schonenden Dämpfen hingegen bleiben nährende Inhaltsstoffe und erfüllender Geschmack im Essen. Heißer Wasserdampf umströmt in modernen Dampfgargeräten das Gargut und umschließt es von allen Seiten. Dadurch bleiben Aromen, Vitamine und Mineralstoffe erhalten. Provitamin A und Vitamin E werden durch das Dampfgaren für den Körper überhaupt erst richtig verwertbar gemacht, wie Untersuchungen der Stiftung Warentest gezeigt haben. Studien belegen zudem, dass beispielsweise Paprika, die im Dampfgarer zubereitet wurde, 20 Prozent mehr Vitamine enthält als solche, die in Wasser gegart wurde. Bei Brokkoli klettert diese erfreuliche Zahl sogar auf bemerkenswerte 50 Prozent. Da beim Dämpfen der Eigengeschmack der Zutaten verstärkt wird und die Lebensmittel weder ausgetrocknet noch verwässert werden, sind „gesund" und „wohlschmeckend" definitiv kein Widerspruch mehr.

Hochwertige Fette veredeln das Gericht

Für die Zubereitung über Dampf ist darüber hinaus kein ungesundes Fett erforderlich, denn im Kochprozess kann nichts anbrennen. Hochwertige Öle und Fette können zur kulinarischen Verfeinerung und als wertvoller Beitrag zu einer ganzheitlichen und gesunden Ernährung gezielt und in kontrollierten Mengen verwendet werden. Sie veredeln unser Gericht und tun uns richtig gut. Beim Dampfgaren entstehen daher keine schädlichen Transfette oder Übergewicht produzierende Kalorienbomben. Die Kombination von dampfgegarten Gerichten, die zum Beispiel mit Omega-3-reichem Hanföl, exquisitem Nativem Olivenöl Extra oder biologischer Bauernbutter verfeinert werden, lassen das Herz von Gourmets und Mediziner*innen gleichermaßen höherschlagen.

Weniger Salz, mehr Kräuter & Gewürze

Apropos Herz: Salz, das in unseren Breiten meist in einem ungesunden Übermaß konsumiert wird, kann aufgrund der geschmacksverstärkenden Wirkung des Dämpfens wesentlich sparsamer zum Einsatz gebracht werden. Das ist eine großartige Nachricht in Bezug auf die häufigste Todesursache in unseren Breiten: die Herz-Kreislauf-Erkrankungen. Wer seinen Salzkonsum reduziert, senkt damit gleichzeitig sein Risiko für Herzinfarkt und Schlaganfall.

Wenn die im Dampf gegarten Speisen dann noch mit reichlich aromatischen Kräutern und Gewürzen zubereitet werden, sorgt dies für Gaumengenüsse, die stets mit einer Extraportion Gesundheit im Gepäck daherkommen. Antibakterielles Basilikum in herrlichen Pasta-Gerichten, krebsvorbeugende Gelbwurz in wärmenden Currys, verdauungsförderndes Bohnenkraut in einer Zucchinsalsa zum rosa gebratenen Lammrücken, magenfreundlicher Dill im raffinierten Fischgericht, magenstärkender Ingwer mit Blumenkohl, gegen Blähungen wirkender Fenchel im frisch gebackenen Brot, Blutzuckerspiegel regulierender Zimt bei der geschmorten Rotwein-Birne oder darmfreundlicher Kümmel im herzhaften Welsgulasch – diese und noch jede Menge anderer Kräuter und Gewürze verwöhnen in Kombination mit gedämpften Köstlichkeiten Gaumen und Gesundheit gleichermaßen und machen den Einsatz von zu viel Salz überflüssig.

Mit Dampf in die Balance

Ernährung und Gesundheit sind in der Traditionellen Chinesischen Medizin (TCM) seit jeher eng miteinander verknüpft. Die chinesische Ernährungslehre betrachtet vor allem die energetische Qualität der Nahrung. Yin und Yang sind die beiden Polaritäten, denen energetische Zustände zugeordnet werden. Sind beide Energiequalitäten ausgewogen, hält uns dies gesund und im Gleichgewicht. Aktivität, Bewegung, Schnelligkeit und Wärme beziehungsweise Hitze werden unserem männlichen Anteil, dem Yang, zugeordnet. Ruhe, Regeneration, Kühlen und der Aufbau von Blut und Säften sind Teil unserer weiblichen Energie, des Yin. Die beiden Qualitäten bedingen einander und erschöpfen sich, wenn eine überhandnimmt.

Der heutige Lebensstil in sogenannten „zivilisierten" Ländern enthält in der Betrachtungsweise der TCM meist (zu) viele Yang-Qualitäten. Häufig leiden moderne Menschen daher an einem Yin-Mangel. Schlechte Ernährungsgewohnheiten mit industriell hoch verarbeiteten Lebensmitteln, ein zu hoher Fleisch-, Alkohol- oder Nikotinkonsum, Stress, Hektik, Lärm, zu wenig Schlaf und zu wenig Ruhe- und Regenerationsphasen erzeugen einen „hitzigen" Lebenswandel, der nach der Lehre der Chinesischen Medizin unseren Körper zu sehr austrocknet. Blut und „Säfte", wie jene Flüssigkeiten in unserem Körper genannt werden, die uns nähren und natürlich kühlen sollen, werden eingedickt beziehungsweise regelrecht „verkocht". Dies kann zu vorzeitigem Altern, schlaffer Haut, Gereiztheit, Erschöpfungsdepressionen, Burn-out, Bluthochdruck, Herz-Kreislauf-Erkrankungen und anderen klassischen Zivilisationserkrankungen führen.

Eine Antwort der chinesischen Diätologie auf dieses Ungleichgewicht ist es, bestimmte Lebensmittel therapeutisch einzusetzen und andere zu vermeiden, um der Disbalance entgegenzuwirken. Neben der richtigen Auswahl der Nahrungsmittel ist jedoch auch die verwendete Kochmethode entscheidend dafür, wie eine Mahlzeit schließlich in unserem Körper wirkt. Um also bei der täglichen Ernährung einem ungesunden und zu „hitzigen" Lebenswandel entgegenzuwirken, empfiehlt die TCM eine saftige Zubereitungsart wie das Dampfgaren. Es gilt in der Traditionellen Chinesischen Medizin als eine der besten Methoden, um unserem Körper wieder wertvolle Feuchtigkeit zuzuführen.

Mit dampfgegartem Essen können wir also ein schmackhaftes und nährendes Gegengewicht zu so mancherlei Ungleichgewicht eines fordernden Lebensstils herstellen. Und da diese Zubereitungsmethode auch kulinarisch allerhand zu bieten hat, steht einem genussvollen Essen nun nichts mehr im Wege. Wir wünschen Ihnen von Herzen, dass Sie beim Kochen und Genießen ebenso viel Freude haben werden, wie wir sie beim Konzipieren, Ausprobieren, Kreieren und Fotografieren der Rezepte hatten.

Gemüse

Gesunder Lifestyle

Gemüse vor den Vorhang!

Die Ära des lustvollen Gemüseverzehrs ist nun endgültig angebrochen. Bravo! Denn Gemüsesorten aller Art gehören zu jener Lebensmittelgruppe, die für unsere Gesundheit mit Abstand am meisten zu bieten hat. Wahre Wundermixturen an Inhaltstoffen sorgen für eine umfassende Versorgung mit einer Vielzahl von Vitaminen, Mineralstoffen und Spurenelementen. Jede Menge sekundäre Pflanzenstoffe stecken in farbenfrohem Obst und Gemüse. Sie senken das Risiko für Herz-Kreislauf-Erkrankungen, beugen Krebs vor, wirken entzündungshemmend und stärken unser Immunsystem. Der gesunde Ballaststoffreichtum in Kombination mit viel Wasser ist die Basis für einen gesunden Stoffwechsel und ein geringer Kaloriengehalt lässt uns selbst bei ausuferndem Genuss noch rank und schlank bleiben. Die leuchtenden Farbstoffe erfreuen dann auch noch unsere Augen, das Herz und die Seele. Was für eine Bilanz!

Dem Himmel und einer Reihe von kreativen Köchinnen und Köchen sei Dank, hat in den letzten Jahren eine wahre Revolution bei der Zubereitung dieser wertvollen Lebensmittelgruppe stattgefunden. Fad und zu Tode gekochtes, breiig graubraunes Gemüse oder Verlegenheitsdekorationen aus unreifen, wässrigen Tomatenscheiben und verwelkten Salatblättern sind erfreulicherweise längst Geschichte. Gemüsegerichte von heute sehen anders aus: Raffiniert, kulinarisch einfallsreich, frisch vom Wochenmarkt oder aus dem Bio-Garten, saisonal und regional ist Gemüse nicht selten der Hauptakteur auf dem Teller. So lassen sich von frühlingshaften Spargeldelikatessen bis zu Superfoodvariationen eines Rosenkohlgerichts im Winter die Schatztruhen der Natur zu Recht im glorreichen Rampenlicht vielfältig und kreativ inszenieren.

Die Kraft der Wärme

In ganzheitlichen Ernährungslehren wie dem indischen Ayurveda, aber auch in der europäischen oder chinesischen Tradition weiß man schon lange: Der Großteil unserer Nahrung sollte gegart und nicht roh verzehrt werden. Das Garen wirkt wie eine Art Vorverdauung, sodass wertvolle Bestandteile der Nahrung besser vom Körper aufgenommen und umgewandelt werden können. Magen und Darm werden dadurch entlastet. Die Aufnahme von Inhaltstoffen ebenso wie die Ausscheidung von Schadstoffen profitieren davon, wenn das Verdauungsfeuer unseres Körpers am Lodern bleibt. Dies setzt voraus, dass wir regelmäßig warme und gekochte Mahlzeiten zu uns nehmen. Das gilt auch für Obst und Gemüse. Nur ein kleiner Anteil unserer Mahlzeiten sollte demnach als Rohkost verzehrt werden. Gerade das Dampfgaren gilt in der ganzheitlichen Ernährungsleh-

Sage mir, was du isst,
und ich sage dir, wer du bist.

JEAN ANTHELME BRILLAT-SAVARIN

re als eine besonders schonende und wertvolle Zubereitungsmethode von Obst und Gemüse.

Gedämpft & mariniert

Besonders köstlich und vor allem auch bekömmlich sind Gemüsevariationen, die über Dampf gegart und im Anschluss daran mit hochwertigen Ölen und Fetten sowie aromatischen Kräutern und Gewürzen mariniert und als „warmer Salat" zubereitet werden. In südlichen Ländern bereitet man solcherart köstlich mariniertes Gemüse gerne in Form von Antipasti, Mezze oder Tapas-Variationen zu. Wenn Sie Gemüse auf diese Art zubereiten, machen Sie es dadurch auch haltbarer und haben somit die wunderbare Möglichkeit, Gerichte im Vorhinein zuzubereiten – sei es für eine Essenseinladung Ihrer Gäste am nächsten Tag oder weil Sie sich ein leicht verdauliches und wohltuendes Essen für die Arbeit mitnehmen möchten. Wie wäre es also mit Rote Bete aus dem Ofen mit Limettenrahm (siehe S. 26) oder einem Curry-Rosenkohl-Salat mit Macadamianüssen (siehe S. 39) in der nächsten Jausenbox?

Ein Loblied auf das Kohlgemüse

Zu den gesündesten Gemüsesorten gehören zweifelsohne die Mitglieder der Familie der Kohlgewächse. Zu diesem sogenannten Brassica-Gemüse gehören Grünkohl, Weißkohl, Rotkohl, Brokkoli, Kohlrüben, Rosenkohl, Blumenkohl, Chinakohl, Senf, Rettich, Radieschen, Kren, Kresse oder Wasabi. Eine Vielzahl an Inhaltstoffen ist für die gesundheitsfördernden Eigenschaften der Gemüsestars verantwortlich. So enthalten viele Kohlarten große Mengen an Vitamin C, Vitamin K, Chlorophyll, Kupfer und Kalzium. Schwefelhaltige Aromastoffe wie Senfölglykoside verleihen dem Kohl seine antibakterielle Wirkung. Auch unsere Darmgesundheit profitiert: Kohlgemüse nährt die Laktobakterien im Darm und unterdrückt das Wachstum von schädlichen Fäulnisbakterien. Damit werden das Immunsystem und unsere Verdauung gleichermaßen hochgradig gestärkt. Versuche mit Brokkoli und anderen Kohlarten haben gezeigt, dass diese Gemüsesorten sogar das Wachstum von Krebszellen eindämmen sowie die Wirksamkeit einer Chemotherapie verbessern können. Besonders das Risiko, an Darmkrebs zu erkranken, kann ein regelmäßiger Kohlgenuss senken.

Da es Kohlgemüse auf dem Feld zum Teil mit eisigen Temperaturen aufnehmen kann, gehört es in eine saisonale Winterküche. Wenn uns der kalte Wind um die Ohren pfeift und wir besonders aufpassen müssen, dass wir uns nicht verkühlen, sind die Extraportionen Vitamine und sämtliche immunstärkenden Eigenschaften, die diese Wundergemüse zu bieten haben, doppelt willkommen. Aber Kohlgerichte sind nicht nur gesund, sondern auch kulinarisch reizvoll, wie wir Ihnen mit dem Blumenkohl mit Pekannuss-Relish (siehe S. 43) oder einer Kartoffel-Kohlgemüse-Tarte mit Rotkohlsalat (siehe S. 96) zeigen werden.

Bunte Rüben – kulinarischer und gesundheitlicher Mehrwert

Rote Beete gilt als wahrer Edelstein unter den Gemüsen. Bereits die tiefrote Farbe verrät, dass wir es hier mit einer Superportion Lycopin zu tun haben, jenem antioxidativen Inhaltstoff, der – in Kombination mit hochwertigem Fett konsumiert – als einer der effizientesten Radikalfänger gilt. Eine Reihe von Studien zeigt, dass Lycopin antikanzerogene Eigenschaften hat und sowohl präventiv als auch in der Krebstherapie sinnvoll eingesetzt werden kann. Das eigentliche Highlight bei den Inhaltstoffen der Roten Bete ist jedoch Biotin, ein sekundärer Pflanzenstoff, der Leber und Galle schützt und die Entgiftung des Körpers maßgeblich vorantreibt. Zudem erfreut Biotin unser Herz und unsere Gefäße und schützt vor Demenz und Depression. Eine Extraportion Folsäure ist besonders für Schwangere von Bedeutung. Rote Beete hilft bei der Wundheilung, sorgt für frischen Atem und reguliert den Blutdruck. Menschen, die berufsbe-

Der Weg zur Gesundheit führt durch die Küche, nicht durch die Apotheke.

SEBASTIAN KNEIPP

dingt viel sprechen müssen, empfiehlt die Traditionelle Chinesische Medizin, regelmäßig Rote Bete zu essen, da dieses Gemüse das „Herzblut" wieder ergänzen kann, das beim vielen Sprechen dezimiert wird.

Die für das namengebende Carotin berühmten Karotten gehören ebenfalls regelmäßig auf einen Speiseplan für gesunden Genuss. Carotin färbt das süße Wurzelgemüse in sattes Orange, das uns in gedämpften Karotten besonders entgegenleuchtet. Das Dampfgaren wirkt jedoch nicht nur optisch, sondern sorgt auch dafür, dass das Carotin vom Körper besser aufgenommen werden kann. Die Vorstufe des Vitamin A ist besonders für unsere Augen heilsam und hilft, dass wir in der Nacht gut sehen können. Aber auch unser Immunsystem und unser Zellwachstum benötigen den Gesundheitsstoff. Karotten enthalten darüber hinaus Vitamine der B-Gruppe, die unsere Nerven stärken, das die Immunabwehr stärkende Vitamin C und den Radikalfänger Vitamin E. Kalium, Phosphor, Kalzium, Magnesium, Eisen und Zink komplettieren den köstlichen Gesundheitscocktail.

Immunstärkender Fenchel

Ein besonders wohltuendes Gemüse ist der Fenchel, und zwar sowohl die Knolle als auch die als Gewürz verwendeten Samen des Doldengewächses. Berühmtheit erlangte das aromatische Gemüse für seine verdauungsfördernde und blähungswidrige Wirkung. Fenchel ist eine Wohltat für unseren Darm. Jeder blähende Babybauch kennt schließlich bereits die wohltuende und entkrampfende Wirkung von Fencheltee.

Und da wir heute wissen, dass unser Immunsystem im Darm sitzt, kann zu Recht behauptet werden, dass Fenchelgemüse unserem Immunsystem gute Dienste erweisen kann. Dafür spricht auch der Betacarotin-Gehalt der Pflanze sowie der nennenswerte Vitamin-C-Gehalt. Fenchel ist zudem reich an Zink, ebenfalls eine wichtige Zutat für die immunstärkende Rezeptur. Folsäure, Kalium und Kalzium kann die süßlich schmeckende Knolle ebenfalls bieten. Schon die heilkundige Hildegard von Bingen hat den Fenchel als Lebensmittel gepriesen, das Menschen fröhlich macht, wärmt und eine gute Verdauung verursacht und darüber hinaus harntreibend und leicht antiseptisch wirkt. Auch das Ayurveda und die Traditionelle Chinesische Medizin stufen Fenchel als thermisch warm ein und empfehlen, ihn bei Kältesymptomen zum Einsatz zu bringen. Bauchschmerzen, Spannungsgefühle im Unterbauch, Aufstoßen und Erbrechen sowie verminderter Appetit werden in den traditionellen Heilkünsten mit Fenchel behandelt. 2009 wurde Fenchel in Deutschland zur Arzneipflanze des Jahres gekürt. Der typische anisartige Geschmack des Fenchels ist dem reichlich in der Pflanze enthaltenen ätherischen Öl Anethol zu verdanken. Das macht den Fenchel auch zu einem hervorragenden Mittel gegen schlechten Atem. In Indien kaut man daher gern Fenchelsamen nach dem Essen, um den Atem zu erfrischen. Für alle, die auf ihr Gewicht achten möchten, ist Fenchel das perfekte Gemüse. Denn neben der verdauungsstärkenden und wärmenden Wirkung, die einem gesunden Stoffwechsel zuträglich ist, zählt Fenchel mit den rund 30 Kilokalorien pro 100 Gramm zu den schlanksten Gemüsen, die die Natur zu bieten hat. Wir servieren Ihnen den heilkräftigen Fenchel überbacken mit Parmesan-Flan (siehe S. 32).

Kürbis für die schlanke Küche

Zur Familie der Kürbisgewächse zählen Zucchini, Gurken, Melonen und die Kürbisvielfalt rund um Hokkaido, Muskat- oder Spaghettikürbis. Sie bringen allesamt einen natürlich süßen Geschmack in Gerichte, den auch Kinder besonders gerne mögen. Aus Kürbissen lassen sich nahrhafte und wohlschmeckende Suppen, Ofengemüse, Aufläufe und sogar Torten und Kuchen zubereiten. Zucchini in allen Formen und Farben sind in der schlanken und mediterranen Sommerküche besonders beliebt, und Gurken und Melonen kühlen uns, wenn im Hochsommer wieder mal eine Hitzewelle über uns hereinbricht. Kürbisgemüse liefert uns jede Menge gesunde Nährstoffe wie zum Beispiel Betacarotin, Vitamin C und E, es ist kalorienarm und daher auch beim Abnehmen perfekt auf dem Teller. Probieren Sie den Kürbis mit Ziegenkäse und Vollrohrzucker-Sojasoße (siehe S. 25).

Die Kartoffel der anderen Art

Eine besonders wertvolle Frucht, die sich zunehmend auch hierzulande großer Beliebtheit erfreut, ist die Süßkartoffel. Die ursprünglich aus Südamerika stammende Pflanze wird heute auch in unseren Breiten angebaut. Sie ist nicht mit der Kartoffel verwandt und zählt auch nicht zu den Nachtschattengewächsen. Jede Menge Vitamine und Mineralstoffe machen sie zu einer ernährungsphysiologisch äußerst interessanten Pflanze: Vitamin A, Betacarotin, B-Vitamine, Vitamin C, E und K, die Mineralstoffe Kalium, Kupfer, Zink und Mangan sowie erwähnenswerte Mengen Antioxidantien sorgen für viele gesundheitliche Vorteile. Das süße Gemüse wirkt entzündungshemmend, blutzuckersenkend, abwehrkraftsteigernd und herzstärkend. Probieren Sie unsere Gefüllten Süßkartoffeln mit Asia-Karotten und Limettenjoghurt (S. 128).

Spargel, der edle Alleskönner

Spargel ist eine Delikatesse, die uns nur kurze Zeit im Jahr erfreut, wenn wir saisonal und regional kochen. Umso sehnlicher wünschen wir sie im Frühling herbei. Das delikate Gemüse ist noch dazu ausgesprochen gesund und einer schlanken Linie sehr zuträglich, besteht es doch zu mehr als 90 Prozent aus Wasser und hat nur 18 Kilokalorien pro 100 Gramm. Spargel hat eine niedrige glykämische Last und lässt daher den Blutzuckerspiegel kaum ansteigen. Er ist daher ideal für Menschen mit Gewichtsproblemen oder Diabetes.

Was nur wenige wissen: Spargel ist auch eine uralte Heilpflanze. So kann das edle Gemüse bei Magen- und Darmproblemen sowie Leber- und Gallenleiden gute Dienste erweisen. Auch bei einer gereizten Blase oder erhöhten Zuckerwerten wird der Genuss von Spargel empfohlen. Lange bevor Spargel als kulinarische Spezialität entdeckt worden war, wurde die Wildform der Pflanze medizinisch angewendet und von China über Indien und Griechenland bis Ägypten als Heilmittel empfohlen. Heute bestätigen moderne Forschungen seine antioxidative und immunstimulierende Wirkung ebenso wie eine positive Wirkung auf die Fruchtbarkeit und einen günstigen Einfluss bei der Behandlung von Leberschäden. Spargel enthält die Vitamine A, C, E sowie eine Reihe an B-Vitaminen und Folsäure. Besonders die Spargelspitzen können mit einem hohen Vitamin-C-Gehalt aufwarten. Aber auch sein Reichtum an Mineralstoffen wie Kalium, Schwefel, Phosphor, Kalzium, Magnesium und Natrium macht Spargel zu einer gesunden Gaumenfreude. Der hohe Ballaststoffgehalt des Spargels ist gut für unseren Darm. Speziell das als Lieblingsspeise nützlicher Darmbakterien bekannte Inulin kann einen gesunden Stoffwechsel tatkräftig unterstützen. Aufgrund des hohen Kaliumgehalts hat Spargel außerdem eine stark harntreibende und damit entschlackende Wirkung. Und wer der Signaturenlehre Glauben schenken möchte, erkennt rasch, dass Spargel sogar unserem Liebesleben zuträglich sein kann. Auch in der ayurvedischen Medizin gilt er als reinigend und anregend für die Sexualorgane. Erfreuen Sie im nächsten Frühjahr also Ihren Gaumen und Ihren Körper mit unserem delikaten Rezept für grünen Spargel mit Vanille-Miso-Butter und Pecorino (siehe S. 40).

Sellerie bringt Lebensenergie

Auf der Liste der gesündesten Gemüsesorten darf der Sellerie nicht unerwähnt bleiben. Ob Knolle, Stangen- oder Schnittsellerie – sie alle sollten regelmäßig auf den Teller. In der Traditionellen Chinesischen Medizin wird der Knollensellerie wegen seiner ausleitenden und schleimlösenden Eigenschaft geschätzt. Er reguliert unsere Lebensenergie und bewegt unser Blut. Atemwegsinfekte, Ödeme oder Müdigkeit sind daher Anwendungsgebiete für die aromatische Knolle. Mit seinem hohen Gehalt an B-Vitaminen, Vitamin E sowie Kalium, Eisen und Kalzium unterstützt er die Blutbildung ebenso wie unsere Knochen und Zähne. Geerntet wird Knollensellerie von Juli bis November. Das aromatische Gemüse lässt sich aber auch sehr gut lagern, wenn die Knolle gut ausgereift ist. Es sollte jedoch nicht neben Obst aufbewahrt werden, denn das Obstreifungsgas beschleunigt den Verderb.

Der mit der Knolle eng verwandte Stangensellerie erfreut sich in letzter Zeit eines regelrechten Hypes. Vor allem der daraus hergestellte Saft soll ein Wundermittel bei Bluthochdruck sein und sich heilsam auf Gicht und Rheuma auswirken. Auch Herz, Kreislauf und Verdauung und besonders der Magen haben angeblich große Freude an dem Saft aus dem bleichen Gemüse. In jedem Fall empfiehlt es sich, dem Sellerie einen fixen Platz in einer kulinarisch interessanten und gesunden zeitgenössischen Küche einzuräumen. Machen Sie den Anfang mit unserem gebratenen Knollensellerie mit getrockneten Feigen, roten Zwiebeln und Orangen (siehe S. 22).

Gebratener Knollensellerie mit getrockneten Feigen, roten Zwiebeln und Orangen

ZUBEREITUNG

Den Combidampfgarer auf 185 °C Combigaren mit Heißluft bei 50 % Feuchtigkeit vorheizen. Den Knollensellerie schälen, vierteln und in 1 cm breite Scheiben schneiden. Die Zwiebeln schälen und in Spalten schneiden. Die Orange und die Zitrone heiß abwaschen, trocken tupfen und die Schale jeweils fein abreiben. Die Zitrone auspressen. Die Orange mit einem Messer schälen und das Fruchtfleisch in 1 cm breite Scheiben schneiden. Die Feigen halbieren. Den Knoblauch schälen und in Scheiben schneiden. Den Rosmarin abbrausen, trocken tupfen und die Nadeln abzupfen.

Die Selleriescheiben sowie die restlichen Zutaten mit Vollrohrzucker und Olivenöl vermengen und mit Salz und Pfeffer würzen. Die Mischung auf einem Backblech verteilen oder in eine Auflaufform geben. 35 Min. garen, bis der Sellerie weich ist, die Scheiben dabei von Zeit zu Zeit wenden. Das Gemüse auf Tellern anrichten und servieren.

ZUBEREITUNGSZEIT

25 Min. plus Garzeit

SCHWIERIGKEITSGRAD

mittel

FÜR 4 PORTIONEN

500 g Knollensellerie
2 rote Zwiebeln
1 Bio-Orange
1 Bio-Zitrone
100 g getrocknete Feigen
2 Knoblauchzehen
1 großer Zweig Rosmarin
2 EL Vollrohrzucker
3 EL Olivenöl
Salz
frisch gemahlener schwarzer Pfeffer

Kürbis mit Ziegenkäse und Vollrohrzucker-Sojasoße

ZUBEREITUNG

Den Combidampfgarer auf 185 °C Combigaren mit Heißluft bei 50 % Feuchtigkeit vorheizen. Den Kürbis halbieren, von Samen befreien und in ca. 2 cm breite Spalten schneiden. Die Knoblauchzehen schälen und in Scheiben schneiden. Den Ingwer schälen und in feine Scheiben schneiden. Den Thymian abbrausen, trocken tupfen und die Blätter abzupfen.

Die Kürbisspalten auf ein Backblech oder in eine Auflaufform legen. Knoblauch, Ingwer, Thymian, Vollrohrzucker, Olivenöl, Sojasoße, Kreuzkümmel, Salz und Pfeffer mischen und über die Kürbisspalten geben.

Den Ziegenkäse in ca. 1 cm breite Scheiben schneiden und auf den Kürbisscheiben verteilen. 35 Min. garen und heiß servieren.

ZUBEREITUNGSZEIT

25 Min. plus Garzeit

SCHWIERIGKEITSGRAD

leicht

FÜR 4 PORTIONEN

1 Hokkaidokürbis (ca. 700 g)
3 Knoblauchzehen
1 Stück Ingwer (1 cm)
4 Zweige Thymian
2 EL Vollrohrzucker
2 EL Olivenöl
2 EL Sojasoße
1 TL Kreuzkümmelsamen
Salz
frisch gemahlener schwarzer Pfeffer
1 Ziegenkäserolle (ca. 200 g)

Rote Bete aus dem Ofen mit Limettenrahm

ZUBEREITUNG

Den Combidampfgarer auf 180 °C Combigaren mit Heißluft bei 70 % Feuchtigkeit vorheizen. Rote Bete schälen, vierteln, in einer Auflaufform verteilen und mit Salz und Pfeffer würzen. Koriander, Kardamom, Olivenöl und Essig zufügen und alles gut vermischen. Je nach Größe der Roten Beten ca. 60 Min. garen, 20 Min. vor Ende der Garzeit die Mandeln zufügen.

In der Zwischenzeit die Kerne aus dem Granatapfel herauslösen. Estragon und Basilikum abbrausen und trocken tupfen, die Blätter abzupfen, grob zerteilen.

Für den Limettenrahm etwas Schalenabrieb und einen Spritzer Saft mit dem Sauerrahm verrühren, mit Salz und Pfeffer würzen.

Rote Bete herausnehmen, mit Estragon, Basilikum und Granatapfelkernen bestreuen und mit dem Limettenrahm servieren.

ZUBEREITUNGSZEIT

25 Min. plus Garzeit

SCHWIERIGKEITSGRAD

mittel

FÜR 4 PORTIONEN

Für die Roten Beten

1 kg Rote Bete
Salz
frisch gemahlener schwarzer Pfeffer
1 TL Koriandersamen
2 Kardamomkapseln
4 EL Olivenöl
2 EL Weißweinessig
30 g Mandeln, grob gehackt
1 Granatapfel
1 Stängel Estragon
2 Stängel Basilikum

Für den Limettenrahm

Abrieb und Saft von 1 Bio-Limette
200 g Sauerrahm

Pilze

Eiweißlieferanten in der fleischarmen Küche

Pilze gehören möglicherweise zu den ältesten Nahrungsmitteln der Menschheit. Vermutlich aßen unsere Vorfahren bereits vor 30 000 Jahren Pilze. Die faszinierenden Organismen bilden in der biologischen Systematik neben Tieren und Pflanzen ein eigenes Reich. Aufgrund ihres Stoffwechsels stehen sie Tieren sogar näher als Pflanzen, da sie sich von organischen Substanzen ernähren.

Aufgrund des hohen Wasseranteils und des niedrigen Kaloriengehaltes schätzt man Pilze in einer schlanken und kalorienreduzierten Küche ebenfalls als eine willkommene Zutat. Pilze sind sehr sättigend und aufgrund des hohen Ballaststoffgehaltes ein unverzichtbarer Regulator für eine gesunde Verdauung und damit eine effiziente Hilfe beim Abnehmen. Besonders das enthaltene Kohlenhydrat Mannit ist dafür verantwortlich, dass keine Spitzen in der Blutzuckerkurve entstehen. Das macht Pilze zu einer besonders interessanten Nahrungsquelle für Menschen, die an Diabetes leiden.

Gesunde, schmackhafte Eiweißquelle

Aber auch für alle, die sich vegetarisch oder vegan ernähren, haben Pilze eine Menge Mehrwert. Sie sind zum einen reich an Eiweiß und stellen zum anderen eine wertvolle Vitamin-D-Quelle dar. Pilze helfen bei der Knorpel- und Knochenbildung, regulieren den Kalziumstoffwechsel und gelten als stärkend für Herz und Immunsystem.

Neben den gesundheitlichen Aspekten sind Pilze als äußerst geschmackvolle pflanzliche Eiweißquelle besonders wertvoll. Gerade in einer fleischarmen Küche tragen sie unverzichtbar zum sogenannten Umami-Geschmack in Gerichten bei, jenem vollmundigen und herzhaften Geschmack, der sonst vorrangig von tierischen Produkten wie Fleisch, Fisch, Meeresfrüchten und würzigem Käse erzeugt wird.

Wie schmackhaft sich Pilze im Combidampfgarer zubereiten lassen, zeigen wir Ihnen mit Rezepten wie den Kräuterseitlingen mit Lorbeer (siehe S. 31), der Pilztarte mit Ricotta und Orangen (siehe S. 95) oder einem Steinpilzpesto-Weißbrot (siehe S. 103).

Worauf sollten Sie beim Einkauf achten?

Wildpilze im Wald zu sammeln kann eine entspannende, ja fast meditative Tätigkeit sein, die uns der Natur näherbringt und eine hektische Arbeitswoche vergessen lassen kann. Manche besonders schmackhaften Pilze wie Steinpilze oder Pfifferlinge sind ausschließlich im Wald zu finden, denn sie können nicht kultiviert werden. Da bei Wildpilzen generell leider immer noch erhöhte Cäsiumwerte aufgrund der Atomkatastrophe in Tschernobyl im Jahre 1986 gemessen werden können, empfehlen Umweltschutzorganisationen und Ernährungsgesellschaften wenn möglich auf gezüchtete Exemplare – vorrangig aus biologischer Zucht – zurückzugreifen. Austernpilze, Champignons oder Shiitake-Pilze lassen sich gut züchten und sind heute in vielen Supermärkten in Bioqualität erhältlich.

Kräuterseitlinge mit Lorbeer

ZUBEREITUNG

Das Rexglas im Dampfgarer bei 100 °C 20 Min. sterilisieren. Die Pilze putzen, waschen, größere Exemplare halbieren, kleine Pilze ganz lassen. Den Rosmarin abbrausen und trocken tupfen.

Essig, Wasser, Zucker, Pfefferkörner, Meersalz, Rosmarin, Lorbeerblätter und Olivenöl in das sterilisierte Rexglas füllen. Die Pilze zugeben und das Rexglas gut verschließen. Im vorgeheizten Dampfgarer bei 100 °C 1 Std. garen. Herausnehmen und auskühlen lassen. Mit Brot servieren.

TIPP

Im ungeöffneten Glas sind die Pilze einige Monate haltbar.

ZUBEREITUNGSZEIT

15 Min. plus Garzeit

SCHWIERIGKEITSGRAD

leicht

FÜR 1 REXGLAS À 1 L INHALT

300 g Kräuterseitlinge
2 Zweige Rosmarin
300 ml Weißweinessig
200 ml Wasser
60 g Zucker
1 TL schwarze Pfefferkörner
1 EL Meersalz
2 Lorbeerblätter
100 ml Olivenöl

Überbackener Fenchel mit Parmesan-Flan

ZUBEREITUNGSZEIT

40 Min. plus Garzeit

SCHWIERIGKEITSGRAD

leicht

FÜR 4 PORTIONEN

Für die Parmesan-Flans

150 ml Milch
180 ml Sahne
150 g geriebener Parmesan
3 Eier
Salz
frisch gemahlener
schwarzer Pfeffer

Für den Fenchel

1–2 Fenchelknollen (ca. 800 g)
1 EL Butter
1 TL Fenchelsamen
2 EL Olivenöl
2 EL Weißweinessig
4 EL geriebener Parmesan

Außerdem

Butter für die Gläser
4 flache Rexgläser à 150 ml Inhalt
(ø 9 cm, 5 cm hoch)

ZUBEREITUNG

Milch und Sahne auf dem Herd aufkochen. Den Parmesan zugeben und schmelzen lassen. Die Mischung vom Herd nehmen und mit dem Stabmixer fein pürieren. Die Eier gut verquirlen. Die warme Milch-Käse-Mischung zugeben, alles gut verrühren und mit Salz und Pfeffer würzen. Die Masse in die gefetteten Gläser füllen und die Gläser jeweils mit dem Deckel verschließen. Bei 100 °C in der Einstellung Dampfgaren 35 Minuten dämpfen. Herausnehmen und die Flans kalt, warm oder lauwarm servieren.

Für den überbackenen Fenchel den Combidampfgarer auf 180 °C Combigaren mit Heißluft bei 70 % Feuchtigkeit vorheizen. Den Fenchel waschen, in ca. 1 cm breite Scheiben schneiden, dabei den Strunk entfernen. Die Scheiben in eine Auflaufform schichten. Die Butter schmelzen, mit Fenchelsamen, Olivenöl, Essig, Salz und Pfeffer vermischen und über die Fenchelscheiben gießen. 55 Min. garen, 10 Min. vor Ende der Garzeit den Parmesan über den Fenchelscheiben verteilen. Mit den Flans servieren.

Überbackene Zwiebel mit zweierlei Käse und Salbei

ZUBEREITUNG

Den Combidampfgarer auf 190 °C Combigaren mit Heißluft bei 60 % Feuchtigkeit vorheizen. Die Zwiebeln bis auf die letzte braune Schale schälen, an der Unterseite gerade schneiden und mit der Unterseite auf ein Backblech setzen. 30 Min. weich garen.

In der Zwischenzeit Zitrone und die Orange heiß abwaschen und trocken tupfen, von der Schale feine Zesten schneiden. Den Bergkäse reiben. Die Salbeiblätter abbrausen und trocken tupfen.

Die Zwiebeln herausnehmen und mittig leicht einschneiden. Bergkäse, Salbei, Zitronen- und Orangenzesten darüberstreuen, mit Salz und Pfeffer würzen und die Zwiebeln weitere 10 Min. backen. Aus dem Ofen nehmen und mit Ziegenfrischkäse servieren.

ZUBEREITUNGSZEIT

15 Min. plus Garzeit

SCHWIERIGKEITSGRAD

leicht

FÜR 4 PORTIONEN

4 mittelgroße Zwiebeln
½ Bio-Zitrone
½ Bio-Orange
100 g Bergkäse
8 Salbeiblätter
Salz
frisch gemahlener
schwarzer Pfeffer
125 g Ziegenfrischkäse

Gedämpfte Eiszapfen mit Haselnüssen

ZUBEREITUNG

Die Eiszapfen bis auf wenige Zentimeter vom Grün befreien, schälen und auf ein Backblech legen. Mit Salz und Pfeffer würzen. Zitronenabrieb und -saft mit Olivenöl und Zucker vermischen und über die Eiszapfen geben. Alles gut vermengen.

Die Nüsse zum Rösten in den Combidampfgarer geben, dabei den Dampfgarer auf 180 °C Combigaren mit Heißluft bei 10 % Feuchtigkeit vorheizen. Die Nüsse 10 Min. braun rösten, herausnehmen und grob hacken.

Anschließend die Eiszapfen mit der Einstellung Dampfgaren bei 100° C 25 Min. garen. Herausnehmen, mit den Haselnüssen bestreuen und servieren.

TIPP

Eiszapfen sind eine Radieschensorte, die aussieht wie Minirettiche. Anstelle der Eiszapfen können Sie auch Radieschen (dann ungeschält) oder weißen Rettich in breite Scheiben geschnitten verwenden.

ZUBEREITUNGSZEIT

25 Min. plus Garzeit

SCHWIERIGKEITSGRAD

mittel

FÜR 4 PORTIONEN

400 g Eiszapfen (Minirettich)
Salz
frisch gemahlener schwarzer Pfeffer
Abrieb und Saft von 1 Bio-Zitrone
3 EL Olivenöl
1 EL Vollrohr- oder Vollrübenzucker
50 g Haselnüsse

Curry-Rosenkohl-Salat mit Macadamianüssen

ZUBEREITUNG

Den Combidampfgarer auf 180 °C Combigaren mit Heißluft bei 60 % Feuchtigkeit vorheizen. Den Rosenkohl putzen, größere Exemplare halbieren. Den Knoblauch schälen und fein hacken. Die Macadamianüsse grob hacken.

Den Rosenkohl auf einem Backblech verteilen und mit Olivenöl, Butter, Currypulver und Kreuzkümmel vermischen. Knoblauch und Macadamianüsse zugeben. Mit Meersalz, Pfeffer und Zucker würzen. Zum Schluss Limettenabrieb und -saft sowie weißen Balsamicoessig untermengen. Den Rosenkohl ca. 30 Min. weich garen. Herausnehmen, mit Walnussöl beträufeln, auf Tellern anrichten und mit Brunnenkresse garniert servieren.

ZUBEREITUNGSZEIT

25 Min. plus Garzeit

SCHWIERIGKEITSGRAD

leicht

FÜR 4 PORTIONEN

800 g Rosenkohl
4 Knoblauchzehen
50 g Macadamianüsse
1 EL Olivenöl
20 g zerlassene Butter
2 EL Currypulver
1 TL Kreuzkümmelsamen
Meersalz
frisch gemahlener schwarzer Pfeffer
½ Mokkalöffel Vollrübenzucker
Abrieb und Saft von 2 Bio-Limetten
2 EL weißer Balsamicoessig
2 EL Walnussöl
Brunnenkresse zum Garnieren

Grüner Spargel mit Vanille-Miso-Butter und Pecorino

ZUBEREITUNGSZEIT

25 Min. plus Garzeit

SCHWIERIGKEITSGRAD

leicht

FÜR 4 PORTIONEN

800 g grüner Spargel
1 Vanilleschote
Abrieb und Saft von 1 Bio-Zitrone
2 EL helle Misopaste
2 EL weiche Butter
2 EL Olivenöl
Salz
30 g Pecorino

ZUBEREITUNG

Am Spargel die verholzten Enden abschneiden, die Stangen ggf. schälen. Die Vanilleschote der Länge nach halbieren und das Mark herauskratzen.

Vanillemark mit Zitronenabrieb und -saft, Misopaste, weicher Butter und Olivenöl vermischen, mit etwas Salz würzen. Den Spargel mit der Mischung gut einreiben und auf einem Backblech verteilen. Im ersten Garschritt bei 100° C in der Einstellung Dampfgaren 8 Min. dämpfen.

Im zweiten Garschritt mit der Einstellung Combidämpfen 3-4 Min. bei 180° C und 50 % Feuchtigkeit gratinieren.

Den Spargel auf Tellern anrichten und mit gehobeltem Pecorino bestreut servieren.

Blumenkohl mit Pekannuss-Relish

ZUBEREITUNG

Den Combidampfgarer auf 180 °C Combigaren mit Heißluft bei 100 % Feuchtigkeit vorheizen. Am Blumenkohl die großen grünen Blätter abtrennen, die kleineren Blätter nicht entfernen. Knoblauch und Ingwer schälen und fein hacken, mit Zitronenabrieb und -saft sowie Olivenöl vermischen und gut mit Salz und Pfeffer würzen. Den Blumenkohl mit der Mischung einreiben und 40-45 Min. weich garen.

Für das Relish den Knoblauch schälen und fein hacken oder mörsern. Die Chilischote von Samen und Scheidewänden befreien und fein hacken. Pekannüsse und Korianderblätter ebenfalls hacken. Knoblauch, Chili, Pekannüsse und Koriander mit Olivenöl, Weißweinessig, Salz und Zucker vermischen oder ganz kurz mit dem Stabmixer pürieren, dabei sollten die Pekannüsse noch etwas stückig bleiben.

Den Blumenkohl aus dem Combidampfgarer heben, abtropfen lassen, auf Tellern anrichten und mit dem Relish servieren.

ZUBEREITUNGSZEIT

25 Min. plus Garzeit

SCHWIERIGKEITSGRAD

mittel

FÜR 4 PORTIONEN

Für den Blumenkohl

1 Blumenkohl (ca. 700 g)
1 Knoblauchzehe
1 Stück Ingwer (1 cm)
Abrieb und Saft von 1 Bio-Zitrone
2 EL Olivenöl
Salz
frisch gemahlener schwarzer Pfeffer

Für das Pekannuss-Relish

1 Knoblauchzehe
1 kleine rote Chilischote
40 g Pekannüsse
2 EL Korianderblätter
60 ml Olivenöl
1 EL Weißweinessig
½ TL Salz
1 EL Vollrohr- oder Vollrübenzucker

Lauwarmer Rotkohlsalat mit Grapefruit, Walnüssen und Dattelfrischkäsekugeln

ZUBEREITUNGSZEIT

25 Min. plus Garzeit

SCHWIERIGKEITSGRAD

leicht

FÜR 4 PORTIONEN

Für den Rotkohlsalat

½ Rotkohlkopf (ca. 700 g)
1 Grapefruit
50 g Walnüsse
1 EL Olivenöl
1 EL Weißweinessig
Abrieb und Saft von 1 Bio-Zitrone
Salz
frisch gemahlener schwarzer Pfeffer

Für die Frischkäsekugeln

50 g Datteln, entsteint
2 Scheiben Toastbrot
175 g Frischkäse (Doppelrahmstufe)
1 Bund Schnittlauch

Außerdem

2 EL Walnussöl

ZUBEREITUNG

Den Combidampfgarer auf 170 °C Combigaren mit Heißluft bei 70 % Feuchtigkeit vorheizen. Für den Salat vom Rotkohl die äußeren Blätter entfernen und den Kohl in feine Streifen schneiden. Die Grapefruit schälen und das Fruchtfleisch in Filets schneiden. Die Rotkohlstreifen mit Walnüssen, Olivenöl, Weißweinessig, Zitronenabrieb und -saft vermengen und mit Salz und Pfeffer würzen. Die Mischung in einer Auflaufform oder einem Bräter verteilen und im Combidampfgarer 15–20 Min. garen, sodass der Rotkohl noch bissfest ist. Herausnehmen und mit den Grapefruitfilets mischen.

In der Zwischenzeit für die Dattelfrischkäsekugeln die Datteln fein hacken, das Toastbrot in feine Würfel schneiden und beides mit dem Frischkäse vermischen. 10 Min. ziehen lassen. Den Schnittlauch abbrausen, trocken tupfen und fein schneiden. Aus der Dattelfrischkäsemasse kleine Kugeln formen und im Schnittlauch wälzen.

Die Dattelfrischkäsekugeln auf dem Rotkohlsalat anrichten und das Ganze mit Walnussöl beträufeln.

Melanzani mit Koriander und Zitrone

ZUBEREITUNG

Den Combidampfgarer auf 180 °C Combigaren mit Heißluft bei 70 % Feuchtigkeit vorheizen. Die Auberginen auf einer Seite kreuzweise einschneiden und auf ein Backblech legen. Mit Zitronenabrieb und -saft beträufeln. Olivenöl und Honig über die Auberginen geben. Mit Salz und Pfeffer würzen. Den Rosmarin abbrausen und trocken tupfen. Die Knoblauchzehen mit der Hand zerdrücken und mit Rosmarin und Koriandersamen auf dem Blech verteilen.

Die Auberginen im ersten Garschritt auf der mittleren Schiene 10 Min. garen. Im zweiten Garschritt die Temperatur auf 200 °C erhören und die Auberginen weitere 10 Min. garen.

ZUBEREITUNGSZEIT

15 Min. plus Garzeit

SCHWIERIGKEITSGRAD

leicht

FÜR 4 PORTIONEN

2 längliche Auberginen (ca. 400 g)
Abrieb und Saft von 1 Bio-Zitrone
2 EL Olivenöl
2 EL Honig
Salz
frisch gemahlener schwarzer Pfeffer
2 Zweige Rosmarin
7 Knoblauchzehen mit Schale
1 TL Koriandersamen

Achtsam kochen – achtsam essen

Im Combidampfgarer zubereitete Mahlzeiten schmecken aromatischer und sind gesünder für unseren Organismus. Dementsprechend sollten wir auch die Grundzutaten für unser Essen mit Bedacht aussuchen, ausschließlich hochwertige Produkte einkaufen und der Zubereitung der Speisen sowie deren Genuss eine besondere Aufmerksamkeit schenken.

Saisonal, regional & Bioqualität

Sowohl die kulinarische Qualität als auch der Vitamin- und Mineralstoffgehalt unserer Mahlzeiten fallen besser aus, wenn wir Obst und Gemüse saisonal und regional einkaufen. Denn wenn die Transportwege kurz sind, können Früchte wirklich reif geerntet werden. Auch geringe Lagerzeiten wirken sich positiv auf Geschmack und Gesundheitsbilanz aus: Je schneller Obst und Gemüse vom Feld auf den Teller kommen, umso besser. Außer aus kulinarischen und gesundheitlichen Gründen können wir natürlich auch der Umwelt zuliebe darauf achten, saisonal und regional einzukaufen. Knoblauch aus China, Erdbeeren aus Spanien oder Kartoffeln aus Ägypten schneiden bei der CO_2-Bilanz leider schlecht ab. Und nicht nur die Umwelt leidet unter diesem Konsumverhalten, sondern auch die heimische Landwirtschaft, die auf den eigenen Produkten sitzen bleibt. Wer der Umwelt und sich selbst Gutes tun möchte, achtet beim Einkauf von Lebensmitteln darüber hinaus darauf, Produkte aus biologischer Landwirtschaft oder in vergleichbarer Qualität einzukaufen. Immer mehr Studien belegen, dass der Nährstoffgehalt von Bio-Produkten höher ist. Auch sind Bio-Produkte weniger mit Pestiziden, Herbiziden und anderen Schadstoffen belastet - auch das ist in der Zwischenzeit wissenschaftlich bestätigt. Schauen Sie beim Einkauf daher stets auf das Etikett. Ihre Geschmacksknospen, Ihre Gesundheit, die heimischen Landwirt*innen und die nächsten Generationen werden es Ihnen danken.

Fairness für alle

Aber Nachhaltigkeit endet nicht bei Pflanze und Tier. Auch auf die Arbeitsbedingungen der Produzent*innen zu achten, gehört zu einem achtsamen Konsum dazu. Wenn wir eine gute Qualität unserer Produkte wünschen, sollten wir bereit sein, einen fairen Preis zu bezahlen. Fairtrade ist besonders bei weitgereisten Lebensmitteln wie Kaffee, Schokolade oder Gewürzen ein wichtiges Thema. Aber auch unsere heimische Landwirtschaft will fair bezahlt werden. Fair gehandelte Grundprodukte sind also eine Grundvoraussetzung, dass unsere kulinarischen Genüsse nicht an irgendeiner Stelle in der Produktionskette einen bitteren Beigeschmack erzeugen.

Man soll dem Leib etwas
Gutes bieten, damit die Seele
Lust hat, darin zu wohnen.

WINSTON CHURCHILL

Delikaten Geschmack mit allen Sinnen genießen

Wer sein Essen gestresst in sich hineinschlingt und seine Aufmerksamkeit bei schwer verdaulichen Themen hat, darf sich nicht wundern, wenn ihm das Verspeiste sprichwörtlich schwer im Magen liegt. Denn Stress und Hektik versetzen unseren Körper in den Flucht- oder Kampfmodus und die Verdauung wird auf später vertagt. Daher ist es wichtig, beim Essen auf eine entspannte und angenehme Atmosphäre zu achten. Dann kann sich der Körper in Ruhe der Aufnahme der Speisen und der Umwandlung der Nährstoffe widmen. Lassen Sie sich also beim Essen nicht vom Handy, negativen Nachrichten, Streitgesprächen am Tisch oder Ähnlichem ablenken, sondern nehmen Sie sich beim Genießen Zeit und lenken Sie die Aufmerksamkeit auf das, was Sie gerade tun: aufs Essen. Nur so können Sie die feinen Aromen und die Signale Ihres Körpers wahrnehmen. Denn gerade Lebensmittel, die schonend im Dampf gegart wurden, zeichnen sich durch besondere Aromen aus. Wenn dann bei der Zubereitung im Combidampfgarer aufgrund der höheren Gartemperatur noch herrliche Röstaromen hinzukommen, können wir uns noch bessere Geschmackserlebnisse gönnen. Es wäre schade um diese exquisiten Speisen, wenn wir sie nicht gebührend genießen können. Auch um unsere Sättigung wahrzunehmen, müssen wir unsere Aufmerksamkeit nach innen lenken und den Sensorzellen im Magen ausreichend Zeit geben, ans Gehirn zu melden, dass wir satt sind. Genießen Sie also achtsam und nehmen Sie sich Zeit, um die feinen und gesunden Mahlzeiten auch wirklich wertzuschätzen und folglich gut verwerten zu können.

Achtsam essen macht glücklich

Haben Sie sich schon einmal darüber Gedanken gemacht, wie viele Menschen, Tiere, Pflanzen und nicht zuletzt Naturgewalten daran beteiligt sind, dass Sie eine Mahlzeit zu sich nehmen können? Angefangen bei den Regenwürmern und Mikroorganismen in der Erde über die Insekten, die die Obstbäume bestäuben, bis hin zu den Pflanzen, die Ihnen ihre schönsten Früchte überlassen, bis zu den Tieren, die Ihnen sogar ihr Leben schenken. Bäuerinnen und Bauern kultivieren Obst, Gemüse, Getreide, Hülsenfrüchte, Kräuter und Gewürze oder füttern täglich Hühner, Rinder oder Schweine. Lkw-Fahrer*innen transportieren die Lebensmittel, Fabrikarbeiter*innen verarbeiten oder verpacken sie. Sonne, Wasser, Wind oder Kohle liefern die Energie, dass der Kühlschrank Ihre Zutaten frisch hält und Ihr Herd oder Backofen die Mahlzeit gart. Händler*innen, Kassierer*innen und viele andere mehr sorgen dafür, dass Sie auf dem Wochenmarkt und im Supermarkt aus einem reichen Angebot auswählen können. Sich diese Tatsachen bewusst zu machen, kann dazu beitragen, sich durch den Genuss einer Mahlzeit wirklich tief genährt zu fühlen. So stecken in jeder Mahlzeit Kraft und Energie von unzähligen Wesen, oft auch Herzblut und Leidenschaft. Und wenn wir die Lebensmittel dann auch noch mit dem nötigen Respekt, mit Achtsamkeit und Wohlwollen für uns selbst und unsere Liebsten zubereiten, bringen auch wir dem Essen jede Menge liebevolle Aufmerksamkeit entgegen. Diese Verbundenheit nährt uns ebenso wie Eiweiß, Kohlehydrate und Fette. Und aus diesen Gedanken entsteht nicht selten ein erfüllendes Gefühl von Dankbarkeit, das nachweislich dazu beiträgt, glücklicher zu sein.

Hülsen-früchte

Hülsenfrüchte

Wertvolle pflanzliche Eiweißquelle

Eine der wertvollsten Quellen pflanzlichen Eiweißes sind Hülsenfrüchte, auch Leguminosen genannt. Sie gehören zu den artenreichsten Pflanzenfamilien, erzielen große Erträge auf kleinen Anbauflächen und sind daher auch wirtschaftlich ein äußerst interessantes Gemüse. Hülsenfrüchte weisen einen niedrigen glykämischen Index und komplexe, ballaststoffreiche Kohlenhydrate auf, die lange satt machen und einen positiven Einfluss auf unseren Insulinspiegel haben. Daher eignen sie sich hervorragend als Vorsorge sowohl gegen Diabetes als auch gegen Übergewicht. Menschen, die zu Gicht neigen, sollten Bohnen, Linsen & Co zurückhaltend genießen, denn die Hülsenfrüchte haben einen hohen Purin-Gehalt, der Gichtleiden verschlimmern kann. In der traditionellen chinesischen Ernährungslehre werden Bohnen, Linsen & Co. gerne verwendet, um das „Qi", also unsere universelle Lebensenergie, zu stärken.

Aufs richtige Garen kommt es an

Hülsenfrüchten eilt der Ruf voraus, unangenehme Blähungen zu verursachen. Um diesen Effekt zu minimieren, sollten getrocknete Hülsenfrüchte möglichst über Nacht eingeweicht und das Einweichwasser sowie das Kochwasser abgegossen werden. Gewöhnung ist darüber hinaus die Devise: Wer häufiger Hülsenfrüchte zu sich nimmt, verträgt sie meist auch besser.

Um die Bekömmlichkeit zu verbessern, leisten uns zahlreiche Kräuter und Gewürze gute Dienste, darunter Ingwer, Kümmel, Kreuzkümmel, Pfefferminze, Anis, Fenchel, Bohnenkraut, Senfsamen, Rosmarin, Koriander, Kurkuma, Thymian, Muskat, Pfeffer oder Zimt. Neben ihren verdauungsfördernden Eigenschaften bringen sie zusätzlich einen kulinarischen Mehrwert auf den Teller.

Die Garzeiten und benötigten Wassermengen variieren beim Kochen von Hülsenfrüchten. Sie hängen davon ab, wie lange die Produkte lagern und wie viel Feuchtigkeit in den Samen noch enthalten ist. Die Angaben auf Verpackungen oder in Kochbüchern können daher von den tatsächlichen Garzeiten und der benötigten Flüssigkeitsmenge stark abweichen. Zudem lässt beispielsweise kalkhaltiges Wasser Hülsenfrüchte wesentlich schlechter gar werden. Garzeiten und Wassermenge können daher auch aus diesem Grund variieren. Es ist empfehlenswert, zu probieren und nötigenfalls Wassermenge und Garzeit anzupassen, wenn Sie feststellen, dass die Hülsenfrüchte nach der angegebenen Zeit noch nicht gar sind. Nicht fertig gegarte Hülsenfrüchte sollten nämlich nicht verzehrt werden. Sie sind schwer verdaulich und können Blähungen und Bauchschmerzen verursachen.

Bohnen, die nahrhaften Gesundheitsbooster

Bohnen sind runde, nierenförmige und zum Teil längliche Samen verschiedener Leguminosen. Manchmal werden sie auch vor der Ausreifung der Samen gegessen und heißen dann „grüne Bohnen" oder in Österreich „Fisolen". Bohnen sind sehr nahrhaft und haben einen hohen Eiweißgehalt. Durchschnittlich liegt er je nach Sorte zwischen 20 und 25 Prozent, bei der Sojabohne sogar um 50 Prozent. Dabei ist der Eiweißgehalt der ausgereiften Samen um ein Vielfaches höher als jener des grünen Gemüses. Abgesehen von dem wertvollen Eiweiß sind Bohnen reich an Ballaststoffen und tun deshalb unserem Darm gut. Darüber hinaus liefern uns Bohnen Folsäure und sorgen damit für ein gesundes Blutbild. Zuletzt zählen sie zu den besten pflanzlichen Eisenlieferanten und als wertvolle Quelle für Niacin und Pantothensäure, was unserer Haut einen guten Dienst erweisen kann. Regelmäßiger Bohnenkonsum kann helfen, den Cholesterinspiegel zu senken sowie Darmerkrankungen und Verstopfung vorzubeugen. Der geringe Natrium- und hohe Kaliumgehalt machen die Frucht zu einem wertvollen Lebensmittel für Menschen mit Bluthochdruck. Um die biologische Wertigkeit des Bohneneiweißes zu erhöhen, kombiniert man sie am besten mit Kartoffeln und Getreide. Zahlreiche Vertreter der Bohnenfamilie kommen bei uns auf den Tisch, darunter Ackerbohnen, Käferbohnen, Azukibohnen, Mungbohnen, Kidneybohnen oder rote Bohnen, verschiedene Formen der weißen Bohne (Haricot Beans), Schwarzaugenbohnen, schwarze Bohnen sowie die besonders eiweißreiche Sojabohne, die gerne zu Tofu oder Sojasprossen weiterverarbeitet wird. Probieren Sie unsere weißen Bohnen mit Tomaten, Oliven und Schafskäse (siehe S. 62), die Weiße-Bohnen-Plätzchen mit Zitronendip (siehe S. 66) oder die Tofu-Laibchen mit gebratenem Urkarotten-Chicorée-Salat (siehe S. 65).

›

*Es gibt niemanden,
der nicht isst und trinkt, aber
nur wenige, die den Geschmack
zu schätzen wissen.*

KONFUZIUS

‹

Linsen in bunter Vielfalt

Linsen gehören botanisch zur Unterfamilie der Schmetterlingsblütler. Linsen haben einen hohen Gehalt an wertvollen B-Vitaminen, die gut für Nerven und Gehirnzellen sind, und sie enthalten Niacin sowie Kalium, Eisen und Phosphor. Aufgrund ihres geringen Natrium- und hohen Kaliumgehalts sind sie ideal für eine kochsalzarme Ernährung und damit für Menschen mit Bluthochdruck. Nicht alle Linsensorten müssen vor dem Kochen eingeweicht werden. Das Einweichen verkürzt jedoch die Garzeit und kann lästige Blähstoffe reduzieren. Kulinarisch harmonieren Linsen sehr gut mit etwas Säure, die die Hülsenfrucht auch etwas bekömmlicher macht. Ähnlich wie bei den Bohnen ist auch in der Linsenfamilie eine im wörtlichen Sinn bunte Vielfalt anzutreffen. Schwarze Belugalinsen, auch Kaviarlinsen genannt, tummeln sich neben braunen Tellerlinsen oder Berglinsen, roten Linsen, gelben Linsen, weißen Linsen, grünblauen Puylinsen und rötlich-braunen Château-Linsen („Champagner-Linsen“) in der Welt der Linsenvielfalt. Wir bereiten für Sie einen köstlichen Belugalinsensalat mit Granatapfel und Büffelmozzarella zu (siehe S. 58).

Kichererbsen sind das neue Superfood

In Kleinasien wurde die Kichererbse bereits vor rund 8000 Jahren kultiviert. Heute werden die Hülsenfrüchte, die in den letzten Jahren eine enorme Renaissance erlebt haben, vor allem in Indien, Pakistan, Mexiko, Nordafrika, der Türkei, Spanien und Afghanistan angebaut, mittlerweile aber auch in Italien und Österreich. Hildegard von Bingen schätzte bereits im 12. Jahrhundert die Kichererbse als leichte und bekömmliche Kost sowie als Mittel zum Fiebersenken. Auch der deutsche Botaniker Hieronymus Bock empfahl schon im 15. Jahrhundert die Kichererbse als Medizin. Neben ihrem hohen Eiweißgehalt von rund 20 Prozent enthalten Kichererbsen eine Menge Ballaststoffe sowie Vitamin B1 und B6, Folsäure, Magnesium, Eisen, Kalzium und Zink. Aus der arabischen, mexikanischen, südspanischen und indischen Küche nicht wegzudenken, bereichern Kichererbsen dort Suppen, Eintöpfe, Currys und Salate und werden zu Laibchen und Aufstrichen wie dem begehrten Hummus verarbeitet. Wir empfehlen Ihnen unser wohlschmeckendes Kichererbsen-Curry mit Champignons (siehe S. 61).

Belugalinsensalat mit Granatapfel und Büffelmozzarella

ZUBEREITUNGSZEIT

35 Min. plus Garzeit

SCHWIERIGKEITSGRAD

leicht

FÜR 4 PORTIONEN

Für den Linsensalat

330 g Belugalinsen

1 EL geröstetes Sesamöl

Salz

1 Granatapfel

2 Frühlingszwiebeln

1 EL Mandeln

Für die Marinade

½ kleine rote Chilischote

1 Knoblauchzehe

3 EL Balsamicoessig

1 EL Zitronensaft

1 EL geröstetes Sesamöl

2 EL Sojasoße

1 TL Vollrohr- oder Vollrübenzucker

Außerdem

2 Stängel Petersilie

180 g Mini-Büffelmozzarellakugeln

ZUBEREITUNG

Für den Salat die Belugalinsen kalt abspülen, in einen ungelochten Gareinsatz geben, mit Wasser bedecken und in der Einstellung Dampfgaren bei 100 °C ca. 25 Min. weich dämpfen. Abseihen, Sesamöl untermengen, mit Salz würzen und beiseitestellen.

In der Zwischenzeit die Kerne aus dem Granatapfel herauslösen. Die Frühlingszwiebeln putzen und in feine Scheiben schneiden. Die Mandeln hacken und in einer Pfanne ohne Fett leicht braun rösten. Auskühlen lassen.

Für die Marinade die Chilischote von Samen und Scheidewänden befreien und fein hacken. Den Knoblauch schälen und fein hacken. Chili, Knoblauch, Balsamicoessig, Zitronensaft, Sesamöl, Sojasoße und Zucker in einer Schüssel verrühren.

Die Petersilie abbrausen und trocken tupfen, die Blätter abzupfen. Den Büffelmozzarella fein hacken.

Die gegarten Belugalinsen mit der Marinade vermischen, Petersilie, Büffelmozzarella, Frühlingszwiebeln, Mandeln und Granatapfelkerne unterheben. Den Salat lauwarm oder kalt servieren.

Kichererbsen-Curry mit Champignons

ZUBEREITUNGSZEIT

25 Min. plus Garzeit

SCHWIERIGKEITSGRAD

leicht

FÜR 4 PORTIONEN

1 große rote Zwiebel
2 Knoblauchzehen
250 g Champignons
2 Tomaten
300 g Kichererbsen (Dose)
Abrieb und Saft von 1 Bio-Limette
1 EL gelbe Currypaste oder
1 EL Currypulver
4 Limettenblätter
2 EL Fischsoße
500 ml Kokosmilch
10 g Korianderblätter

ZUBEREITUNG

Den Combidampfgarer auf 180 °C Combigaren mit Heißluft bei 100 % Feuchtigkeit vorheizen. Zwiebel und Knoblauch schälen und in feine Streifen schneiden. Die Champignons putzen und vierteln. Die Tomaten vierteln, von Stielansatz und Samen befreien. Die Kichererbsen in einem Sieb kalt abspülen.

Zwiebel, Knoblauch, Champignons, Kichererbsen, Tomaten, Limettenabrieb und -saft, gelbe Currypaste, Limettenblätter, Fischsoße sowie Kokosmilch in einen ungelochten Gareinsatz geben. Das Curry im Combidampfgarer 20 Min. garen. Mit Korianderblättern garniert servieren.

TIPP

Zu dem Kichererbsen-Curry passt Basmatireis.

Weiße Bohnen mit Tomaten, Oliven und Schafskäse

ZUBEREITUNGSZEIT

45 Min. plus Garzeit

SCHWIERIGKEITSGRAD

mittel

FÜR 4 PORTIONEN

500 g kleine weiße getrocknete Bohnen
160 g Knollensellerie
1 Karotte (ca. 100 g)
2 Knoblauchzehen
1 Zwiebel
2 Zweige Rosmarin
500 ml passierte Tomaten (Fertigprodukt)
450 ml Wasser
Salz
frisch gemahlener schwarzer Pfeffer
50 g Kalamata-Oliven
100 g Schafskäse
150 g Kirschtomaten

ZUBEREITUNG

Die Bohnen über Nacht in kaltem Wasser einweichen. Am nächsten Tag abseihen und mit kaltem Wasser abspülen.

Den Combidampfgarer auf 170 °C Combigaren mit Heißluft bei 100 % Feuchtigkeit vorheizen. Sellerie und Karotte schälen und in ca. 1 cm große Stücke schneiden. Knoblauch und Zwiebel schälen und fein würfeln. Den Rosmarin abbrausen, trocken tupfen und die Nadeln abzupfen.

Bohnen, Sellerie, Karotte, Knoblauch und Zwiebel in eine Auflaufform geben. Rosmarin, passierte Tomaten und Wasser zugeben. Im Combidampfgarer ca. 3 Std. garen, dabei immer wieder umrühren. Mit Salz und Pfeffer würzen und zum Ende der Garzeit überprüfen, ob die Bohnen weich sind, ggf. etwas länger garen.

Die Oliven in Stücke schneiden, den Schafskäse grob zerbröckeln und beides mit den Kirschtomaten auf den Bohnen verteilen. Weitere 20 Min. garen.

Tofu-Laibchen mit gebratenem Urkarotten-Chicorée-Salat

ZUBEREITUNGSZEIT

45 Min. plus Garzeit

SCHWIERIGKEITSGRAD

mittel

FÜR 4 PORTIONEN

Für den Salat

250 g Urkarotten
4 Chicorée
4 Frühlingszwiebeln
Salz
frisch gemahlener schwarzer Pfeffer
2 EL Butter
1 TL Vollrohr- oder Vollrübenzucker
1 EL Sherryessig oder Weißweinessig
2 EL Sojasoße

Für die Tofu-Laibchen

250 g geräucherter Tofu
2 Knoblauchzehen
3 Scheiben Toastbrot
3 Eier
1 EL Sojasoße
2 EL fein gehackte Basilikumblätter
20 g Semmelbrösel
1 EL geröstetes Sesamöl

Außerdem

Bratöl zum Einstreichen
und für das Blech

ZUBEREITUNG

Den Combidampfgarer auf 180 °C Combigaren mit Heißluft bei 90 % Feuchtigkeit vorheizen. Für den Salat die Urkarotten schälen und in dünne längliche Stücke schneiden. Die Chicorée halbieren. Die Frühlingszwiebeln putzen und in Stücke schneiden. Alles auf einem Backblech verteilen und mit Salz und Pfeffer würzen. Butter in Flocken, Zucker, Sherryessig und Sojasoße darübergeben. Das Gemüse im Combidampfgarer ca. 25 Min. garen, dabei gelegentlich wenden.

Für die Tofu-Laibchen den Tofu fein würfeln, die Knoblauchzehen schälen und fein hacken. Das Toastbrot in sehr feine Stücke schneiden und mit Tofu und Knoblauch vermischen. Eier, Sojasoße, Basilikumblätter und Semmelbrösel untermengen und die Mischung mit Salz und Pfeffer würzen. Aus der Masse 8 Laibchen mit ca. 5 cm Durchmesser formen. Die Laibchen beidseitig mit Bratöl einpinseln und auf ein gefettetes Backblech setzen. Im Combidampfgarer 13 Min. auf Grillstufe 3 grillen.

Die fertigen Laibchen mit geröstetem Sesamöl beträufeln und mit dem Urkarotten-Chicorée-Salat servieren.

Weiße-Bohnen-Plätzchen mit Zitronendip

ZUBEREITUNG

Für die Bohnenplätzchen Bohnen und Kichererbsen in einem Sieb kalt abspülen und abtropfen lassen. Den Koriander abbrausen, trocken tupfen, die Blätter abzupfen und grob hacken.

Den Combidampfgarer auf Combigaren Grillstufe 3 bei 60 % Feuchtigkeit vorheizen. Kichererbsen und Bohnen mit Zitronenabrieb und -saft sowie dem Harissapulver im Mixer fein pürieren. Die Masse in eine Schüssel umfüllen, Koriander und Mehl unterrühren und mit Salz würzen. Aus der Masse 12 kleine Kugeln formen und mit nassen Händen flach drücken. Die Plätzchen beidseitig mit Olivenöl bestreichen und auf ein Backblech legen. Ca. 15 Min. garen.

In der Zwischenzeit für den Zitronendip Joghurt mit Zitronenabrieb und -saft verrühren und mit Salz und Pfeffer würzen. Die Plätzchen mit dem Dip servieren.

ZUBEREITUNGSZEIT

45 Min. plus Garzeit

SCHWIERIGKEITSGRAD

mittel

FÜR 4 PORTIONEN

Für die Bohnenplätzchen

350 g weiße Bohnen (Dose)
200 g Kichererbsen (Dose)
1 Bund Koriander
Abrieb und Saft von 1 Bio-Zitrone
1 TL Harissapulver
2 EL Dinkelmehl
Salz

Für den Zitronendip

125 g griechischer Joghurt
Abrieb und Saft von 1 Bio-Zitrone
frisch gemahlener schwarzer Pfeffer

Außerdem

Olivenöl zum Bestreichen

Getreide

Getreide

Große, gesunde Vielfalt!

Wie wäre es mit ein wenig Abwechslung in der täglichen Kohlenhydratzufuhr? Kartoffeln, Weizen in Nudeln und Brot sowie Reis sind die beliebtesten „Beilagen"-Zutaten, die sowohl in heimischen Küchen als auch in Restaurants vorrangig auf dem Teller anzutreffen sind. Dabei bilden sie nur einen Bruchteil der reichhaltigen Vielfalt, die die Natur in Sachen Kohlenhydrate zu bieten hat. Ein Combidampfgarer lädt förmlich dazu ein, das Zutatenrepertoire diesbezüglich zu vergrößern und damit mehr kulinarische Abwechslung und ein breiteres Spektrum an Nährstoffen auf den Teller zu bringen. Denn ganz gleich ob Tartes, Flammkuchen, Laibchen, Risotto, Salate, Soufflés, Eintöpfe oder Pasta – derlei Köstlichkeiten lassen sich auch aus Getreide wie Hirse, Gerste, Hafer, Wildreis, Buchweizen und Dinkel zubereiten.

Dinkel – eine gute Alternative zu Weizenmehl

Die Äbtissin Hildegard von Bingen hatte den Dinkel bereits im 12. Jahrhundert zu ihrem Lieblingsgetreide erkoren. Seit die Lehren der heilkundigen Nonne auch bei uns Aufmerksamkeit erregten, kam das alte Getreide wieder in Mode. Zuvor war Dinkel ebenso wie die anderen Urgetreidesorten Einkorn oder Emmer durch die weitverbreitete Kultivierung von Weichweizen über lange Zeit nahezu verdrängt worden. Dabei ist Dinkel ein sehr robustes und genügsames Getreide und gedeiht daher auch in klimatisch raueren Gegenden und auf kargen Böden. Er benötigt kaum Düngung und ist daher vor allem in der biologischen Landwirtschaft sehr beliebt. Dinkel wird heute wieder vermehrt in der Schweiz, in Schwaben, im österreichischen Alpenraum und im Waldviertel kultiviert.

Das preiswerte Getreide hat einen hohen Eiweißanteil, enthält wertvolle komplexe Kohlenhydrate, jede Menge Ballaststoffe sowie Vitamine und Spurenelemente, besonders Magnesium. Laut Hildegard von Bingen „bereitet er rechtes Fleisch und Blut und macht die Sinne froh". Auch die Zusammensetzung seiner Fettsäuren macht das alte Getreide zu einem besonders wertvollen Lebensmittel.

Dinkel kann in der Küche in vollwertiger wie auch in Form von Weißmehl gut als Alternative zu Weizen verwendet werden, beispielsweise für Brot, Tartes, Quiche, Kuchen, Strudel oder zum Binden von Soßen und Suppen. Wenn nicht eine diagnostizierte Zöliakie beziehungsweise Glutenunverträglichkeit besteht, wird er häufig wesentlich besser vertragen als hochgezüchteter Industrieweizen. Auch in einigen unserer Rezepte verwenden wir Dinkel als Alternative zum Weizenmehl.

›

Brot mit Salz wird einen knurrenden Magen gut beruhigen.

HORAZ

‹

Gesund, gesünder, Hafer!

Eines der vermutlich gesündesten Getreide der Welt ist der Hafer. Glutenarm und extrem nährstoffreich hat er einen hohen Eiweißanteil und wertvolle Fettsäuren. Biotin festigt Haut, Nägel und Haare und beugt Depressionen vor, Zink stärkt unser Immunsystem, Vitamin B1 und B6 stärken Psyche und Nerven und der hohe Eisengehalt ist gerade für Menschen, die wenig oder kein Fleisch essen, besonders wertvoll. Magnesium, Silicium und Beta-Glucane vervollständigen die Liste der gesunden Inhaltstoffe. Zudem lässt sich Hafer in Form von Haferflocken rasch und unkompliziert verarbeiten.

Die Traditionelle Chinesische Medizin ordnet dem Hafer einen süß-bitteren Geschmack zu, der sich positiv auf Magen, Milz und das Herz auswirkt. Darüber hinaus wird ihm eine positive Wirkung auf Lunge, Dickdarm und somit unser Immunsystem zugeschrieben. Sowohl bei Energiemangel als auch bei Störungen des Magen-Darm-Traktes wird Hafer empfohlen. Bereits kleine Mengen Hafer versorgen uns mit wertvollen Nährstoffen. Daher ist die Zugabe von Hafer zu Suppen, Soßen, Laibchen, Brot und anderem Gebäck stets eine ernährungsphysiologisch sinnvolle Entscheidung. In der süßen Küche können Sie aus Haferflocken wunderbar einen Boden für Tartes oder knuspriges Granola zubereiten. Bauen Sie Haferflocken mit unserer Haferflockengranola mit Kirschkompott (siehe S. 164) oder der Zitronentarte mit Baiserhaube (siehe S. 175) in Ihren Speiseplan ein.

Glutenfreie Hirse

Hirse zählt zu den wenigen basenbildenden Getreidesorten. Sie kann mit einem hohen Mineralstoffgehalt auftrumpfen, Kieselsäure festigt Haare, Nägel und Bindegewebe. Bei Haarausfall und Hauterkrankungen wird sie daher gerne empfohlen. Aber auch ihr beachtlicher Eisengehalt macht Hirse ernährungsphysiologisch wertvoll, vor allem für unser Blut. Hirse ist leicht verdaulich und als glutenfreies Getreide auch für Menschen mit Glutenunverträglichkeit oder Zöliakie eine willkommene und schmackhafte Alternative.

Die Tradtitionelle Chinesische Medizin leitet vom süß-salzigen Geschmack eine positive Wirkung auf Milz, Magen und Nieren ab. Als leicht kühlendes Getreide ist Hirse besonders in der Sommerküche beliebt. Sie stärkt unsere Lebensenergie, leitet unerwünschte Feuchtigkeit aus und wird bei Hitzesymptomen wie Unruhe und Stress empfohlen. Kulinarisch lassen sich Breie, Soufflés, Laibchen, Brote und Brötchen, Aufläufe, Aufstriche und Salate aus den gelben Körnern zubereiten. Damit Hirse nicht bitter schmeckt, empfiehlt es sich, sie vor der Zubereitung in heißem Wasser zu waschen. Wir haben für Sie knusprige Hirselaibchen mit Gurkensalat (siehe S. 78) zubereitet.

Wiederentdeckung der Gerste

Die Gerste erfährt in den letzten Jahren eine Renaissance und das ist gut so. Reichlich enthaltene B-Vitamine, Vitamin E, Kalzium, Phosphor, Eisen, Zink und Mangan machen das hochwertige Getreide zu einem äußerst interessanten Lebensmittel in einer gesundheitsbewussten Küche. Das aus Gerste gemachte Barley Water gilt im englischen Königshaus sogar als Elixir für ein langes Leben. Gerste tut den Schleimhäuten von Magen und Darm gut, hat eine antioxidative, entzündungshemmende und cholesterinsenkende Wirkung und beseitigt Wasseransammlungen im Körper. In der Traditionellen

Chinesischen Medizin gilt Gerste als thermisch kühlend und wird daher gegen Sommerhitze empfohlen. Das Getreide beseitigt Verdauungsblockaden, stillt Durst und trocknet. In der Küche kommt Gerste auch in Form von Rollgerste oder als Gerstenflocken zum Einsatz. Rollgerste ist vom Spelz befreit und daher besser verdaulich. Sie ist für die Zubereitung von Suppen und Eintöpfen beliebt, im Dampfgarer wie Reis zubereitet eignet sich Rollgerste optimal als Beilage.

Buchweizen schützt die Venen

Buchweizen zählt zu den sogenannten Pseudogetreiden, denn er gehört nicht wie Weizen & Co. zu den Süßgräsern, sondern ist ein sogenanntes Knöterichgewächs. Das im Bio-Landbau sehr beliebte Korn ist reich an Mineralstoffen wie Kalium, Phosphor, Magnesium, Eisen, Zink und Kupfer sowie wertvollen B-Vitaminen. Inositol wirkt sich positiv auf den Blutzuckerspiegel aus. Auch wegen seines Rutin-Gehalts wird Buchweizen gelobt. Dieser Stoff steigert die Spannkraft der Venen und schützt die Gefäße. In der Traditionellen Chinesischen Medizin wird Buchweizen als thermisch neutral bis kühl und mit Bezug zu Milz, Magen und Dickdarm verstanden. Buchweizen wird als ganzes Korn, als Mehl oder Schrot in der Küche verarbeitet. Sein nussiger Geschmack bringt Abwechslung auf den Teller. Buchweizenblätter können als Tee aufgebrüht und bei Arteriosklerose und Venenschwäche getrunken werden. Auf dem gesunden Teller schmeckt Buchweizen in Salaten, Suppen, Aufläufen, Risotto, Eintöpfen, Knödeln und Bratlingen, im Brot, in Pfannkuchen, russischen Blinis oder in Keksen und Kuchen. Probieren Sie unseren Buchweizensalat mit überbackenem Radicchio (siehe S. 81).

Brotbacken mit dem Combidampfgarer

Brot selbst zu backen ist in den letzten Jahren zu einem großen Trend geworden. Mit gutem Grund. Denn was in unserem „täglichen Brot" vom Supermarkt oder aus der Bäckereikette so alles drinnen sein darf, ohne dass wir darüber informiert werden müssen, ist beunruhigend. Wenn wir Brot selbst backen, wissen wir genau, welche Zutaten auf den Teller kommen, und ersparen uns allerhand Chemie aus den im Handel meist verwendeten Fertigbackmischungen. Auch geschmacklich ist das Brot aus dem eigenen Backofen der Ware aus der Bäckereifiliale meist überlegen. Besonders gute Ergebnisse gelingen beim Brotbacken im Combidampfgarer, denn durch die Zugabe von Wasserdampf bekommen Brot und anderes Gebäck mehr Volumen, werden saftiger und entwickeln eine schöne krosse und knusprige Kruste. In unserer Rezeptsammlung finden Sie allerlei Brotspezialitäten. Probieren Sie unser Dinkelfächerbrot mit roten Zwiebeln, Fenchel und Koriander (siehe S. 99) oder unser Roggenbrot mit Paprikasalsa (siehe S. 100).

Thai-Basmatireissalat mit Weißkohl und Mango

ZUBEREITUNG

Den Combidampfgarer auf 150 °C Combigaren mit Heißluft bei 70 % Feuchtigkeit vorheizen. Den Basmatireis in einem Sieb mit kaltem Wasser abspülen und abtropfen lassen. Mit dem Wasser in einen ungelochten Garbehälter füllen und salzen. 28 Min. weich garen, herausnehmen und beiseitestellen.

Die Erdnüsse grob zerkleinern. Den Ingwer schälen und fein hacken. Den Weißkohl putzen und in feine Streifen schneiden. Die Mango schälen und würfeln. Die Chilischote von Samen und Scheidewänden befreien und fein hacken. Die Frühlingszwiebel putzen und schräg in feine Streifen schneiden.

Den noch warmen Reis mit Reisessig, Sesamöl, Ahornsirup, Fischsoße, Limettenabrieb und -saft, Erdnüssen, Ingwer, Weißkohl, Mangowürfeln, Chili und Frühlingszwiebel vermischen. Den Salat kurz durchziehen lassen und zimmerwarm oder lauwarm servieren.

ZUBEREITUNGSZEIT

45 Min. plus Garzeit

SCHWIERIGKEITSGRAD

leicht

FÜR 4 PORTIONEN

400 g Basmatireis
800 ml Wasser
1 TL Salz
2 EL Erdnüsse
1 Stück Ingwer (1 cm)
400 g Weißkohl
1 reife Mango
1 rote Chilischote
1 Frühlingszwiebel
2 EL Reisessig
2 EL geröstetes Sesamöl
1 EL Ahornsirup
2 EL Fischsoße
Abrieb und Saft von 1 Bio-Limette

Risotto mit Eierschwammerln und Ofenkürbis

ZUBEREITUNGSZEIT

45 Min. plus Garzeit

SCHWIERIGKEITSGRAD

mittel

FÜR 4 PORTIONEN

Für den Ofenkürbis

300 g Hokkaidokürbis
1 kleine rote Chilischote
200 g Eierschwammerl
4 Stängel Oregano
1 EL Rohrohrzucker
Abrieb von 1 Bio-Zitrone
2 EL Olivenöl
Salz
frisch gemahlener schwarzer Pfeffer

Für das Risotto

3 Schalotten
1 EL Olivenöl
240 g Rundkornreis
(z. B. Arborio, Carnaroli)
100 ml Weißwein
ca. 1 l heiße Gemüsebrühe
2 EL Butter

Außerdem

2 EL fein geriebener Parmesan
2 Stängel Oregano
flache, ovale Auflaufform
(35 cm x 20 cm, 3 cm hoch)

ZUBEREITUNG

Für den Ofenkürbis den Kürbis von Samen befreien und das Fruchtfleisch in ca. 2 cm große Stücke schneiden. Die Chilischote von Samen und Scheidewänden befreien und fein schneiden. Die Eierschwammerl putzen. Oregano abbrausen, trocken tupfen und die Blätter abzupfen. Die Kürbisstücke mit Chilischote, Oregano, Rohrohrzucker, Zitronenabrieb, Olivenöl, Salz und Pfeffer mischen. Zum Schluss die Eierschwammerl unterheben.

Für das Risotto die Schalotten schälen und fein hacken. Olivenöl und Schalotten mit dem Rundkornreis, Weißwein und der heißen Gemüsebrühe vermischen. Butter zugeben, mit Salz und Pfeffer würzen und die Mischung gut umrühren.

Den Combidampfgarer auf 170 °C Combigaren mit Heißluft bei 50 % Feuchtigkeit vorheizen. Das Risotto in die Auflaufform füllen und darauf Kürbis und Eierschwammerl verteilen. 35–40 Min. garen, sodass Reis und Kürbis noch bissfest sind. Mit Parmesan und Oreganoblättern bestreuen und servieren.

Hirselaibchen mit Gurkensalat

ZUBEREITUNG

Für die Laibchen die Hirse in einem Sieb mit kaltem Wasser abspülen und abtropfen lassen. In einen ungelochten Gareinsatz geben und mit der Gemüsebrühe vermengen. In der Einstellung Dampfgaren bei 100 °C ca. 40 Min. weich dämpfen. Auskühlen lassen.

Den Knoblauch schälen und fein hacken. Die Frühlingszwiebeln in feine Scheiben schneiden. Die Chilischote von Samen und Scheidewänden befreien und fein hacken. Knoblauch, Frühlingszwiebeln, Chili, Eier, Kurkuma, Semmelbrösel und Salz mit der Hirse vermischen. Jeweils aus 2 EL Hirsemasse Kugeln formen und die Kugeln zu Laibchen flach drücken.

Den Combidampfgarer auf 180 °C Combigaren mit Heißluft bei 70 % Feuchtigkeit vorheizen. Die Laibchen auf ein Backblech legen und im ersten Garschritt 15 Min. garen. Im zweiten Garschritt bei 200 °C und 20 % Feuchtigkeit 5–10 Min. bräunen.

In der Zwischenzeit für den Salat die Gurke waschen, längs vierteln und in 1 cm große Stücke schneiden. Die Gurkenstücke mit Zitronenabrieb und -saft, Thymian, Salz und Pfeffer vermischen.

Die Hirselaibchen mit dem Gurkensalat auf Tellern anrichten und mit Brunnenkresse und Zitronenspalten garnieren.

ZUBEREITUNGSZEIT

30 Min. plus Garzeit

SCHWIERIGKEITSGRAD

mittel

FÜR 4 PORTIONEN

Für die Hirselaibchen

150 g Hirse
350 ml Gemüsebrühe
2 Knoblauchzehen
3 Frühlingszwiebeln
1 kleine Chilischote
2 Eier
1 TL gemahlene Kurkuma
20 g Semmelbrösel
Salz

Für den Gurkensalat

1 Salatgurke
Abrieb und Saft von 1 Bio-Zitrone
1 TL Thymianblätter
frisch gemahlener schwarzer Pfeffer

Außerdem

Brunnenkresse und
Zitronenspalten zum Garnieren

Buchweizensalat mit überbackenem Radicchio

ZUBEREITUNGSZEIT

30 Min. plus Garzeit

SCHWIERIGKEITSGRAD

mittel

FÜR 4 PORTIONEN

Für den Buchweizensalat

200 g Buchweizen
400 ml Gemüsebrühe
2 Selleriestangen
1 Knoblauchzehe
½ Bund Koriander
2 EL weißer Balsamicoessig
2 EL Sesamöl
Salz
frisch gemahlener schwarzer Pfeffer
½ TL Honig
½ TL Kreuzkümmelsamen

Für den Radicchio

1 großer Radicchio Treviso
2 EL geriebener Bergkäse
2 EL Semmelbrösel

Außerdem

2 EL frisch gehackte Korianderblätter

ZUBEREITUNG

Für den Salat den Buchweizen in einem Sieb mit kaltem Wasser abspülen. Mit der Gemüsebrühe in einen ungelochten Einsatz geben und mit der Einstellung Dampfgaren bei 100 °C 30 Min. weich garen. Den Buchweizen abseihen, kalt abspülen und in eine Schüssel füllen.

Vom Sellerie die Blätter abzupfen und fein hacken, die Selleriestangen mit dem Sparschäler schälen und in feine Scheiben schneiden. Die Knoblauchzehe schälen und fein hacken. Den Koriander abbrausen, trocken tupfen, die Blätter abzupfen und fein hacken. Sellerie, Knoblauch, Koriander und Buchweizen mit Balsamicoessig, Sesamöl, Salz, Pfeffer, Honig und Kreuzkümmel vermischen.

Den Combidampfgarer auf 180 °C Combigaren mit Heißluft bei 70 % Feuchtigkeit vorheizen. Den Radicchio der Länge nach vierteln, auf ein Backblech legen, mit Bergkäse und Semmelbröseln bestreuen und mit Salz und Pfeffer würzen. 10 Min. garen.

Den Radicchio mit Korianderblättern bestreuen und mit dem Buchweizensalat servieren.

Polenta-Auflauf mit Basilikumrahm

ZUBEREITUNGSZEIT

35 Min. plus Garzeit

SCHWIERIGKEITSGRAD

mittel

FÜR 4 PORTIONEN

Für den Polenta-Auflauf

½ Stange Lauch
2 Tomaten
2 EL Olivenöl
1 TL Koriandersamen, gemörsert
Salz
frisch gemahlener schwarzer Pfeffer
500 ml Milch
60 g Butter
70 g Polenta
4 Eier
Abrieb und Saft von 1 Bio-Zitrone

Für den Basilikumrahm

250 g Sauerrahm
2 EL fein gehackte Basilikumblätter

Außerdem

2 EL Olivenöl für die Form
Auflaufform (30 cm x 20 cm)

ZUBEREITUNG

Den Combidampfgarer auf 185 °C Combigaren mit Heißluft bei 60 % Feuchtigkeit vorheizen. Für den Auflauf den Lauch putzen und in feine Scheiben schneiden. Die Tomaten vierteln, von Samen und Stielansatz befreien und in Scheiben schneiden. Lauch und Tomaten mit Olivenöl vermischen und mit Koriander, Salz und Pfeffer würzen.

Milch mit Butter aufkochen. Polenta einrieseln lassen und langsam ca. 5 Min. weich kochen. Den Topf vom Herd nehmen. Die Eier trennen und die Eigelbe in die warme Polentamasse einrühren. Die Eiweiße steif schlagen, Zitronenabrieb unterheben und den Eischnee unter die warme Polentamasse ziehen. Mit Zitronensaft abschmecken. Die Masse in die gefettete Auflaufform füllen. Lauch und Tomaten darauf verteilen und den Auflauf ca. 35 Min. backen.

Für den Basilikumrahm Sauerrahm mit Basilikumblättern und Salz verrühren. Zum Polenta-Auflauf servieren.

Nudeln mit Ofengemüse

ZUBEREITUNG

Die Paprika von Samen und Scheidewänden befreien und vierteln. Die Frühlingszwiebeln putzen und in Scheiben schneiden. Die Kirschtomaten halbieren. Gorgonzola grob in Stücke schneiden.

Die Penne mit Käse, Sahne und Brühe in einem ungelochten Garbehälter vermischen, das Gemüse darauf verteilen. In der Einstellung Dampfgaren bei 100 °C 35 Min. garen. Basilikum unterheben und mit Parmesan und Pfeffer bestreuen. Dazu passt Blattsalat.

ZUBEREITUNGSZEIT

25 Min. plus Garzeit

SCHWIERIGKEITSGRAD

leicht

FÜR 4 PORTIONEN

250 g gemischte Minipaprika
2-3 Frühlingszwiebeln
200 g Kirschtomaten
70 g Gorgonzola
300 g Penne
200 ml Sahne
300 ml Gemüsebrühe
2 EL frisch gehacktes Basilikum
etwas geriebener Parmesan
zum Bestreuen
frisch gemahlener schwarzer Pfeffer

Gnocchi-Auflauf mit Brokkoli, Blauschimmelkäse und Thymian

ZUBEREITUNGSZEIT

50 Min. plus Garzeit

SCHWIERIGKEITSGRAD

mittel

FÜR 4 PORTIONEN

1 kg mittelgroße Kartoffeln (mehligkochend, z. B. Agria)
1 Eigelb
300 g Weizenmehl (Type 00 oder Type 550)
2 Prisen frisch geriebene Muskatnuss
Meersalz
frisch gemahlener schwarzer Pfeffer
1 Brokkoli (ca. 250 g)
150 g Blauschimmelkäse
4 Zweige Thymian
250 ml Sahne

Außerdem

Auflaufform (ø 30 cm)
Butter für das Backblech

ZUBEREITUNG

Für die Gnocchi die Kartoffeln mit der Einstellung Dampfgaren bei 100 °C weich dämpfen, anschließend noch warm schälen und durch eine Kartoffelpresse drücken. Die Kartoffelmasse auf die Arbeitsfläche geben, eine Mulde formen und Eigelb, Mehl, Muskatnuss, Meersalz und Pfeffer hineingeben. Die Zutaten mit einer Teigkarte sehr locker und vorsichtig miteinander vermischen. 15 Min. ruhen lassen.

Den Gnocchi-Teig in vier Teile teilen und daraus jeweils 2 cm breite Rollen formen. Die Rollen in 1 cm breite Stücke schneiden, die Stücke auf ein gefettetes Backblech legen und die Gnocchi mit der Einstellung Dampfgaren bei 100 °C ca. 7 Min. garen. Herausnehmen und in einer Auflaufform verteilen.

Den Combidampfgarer auf 180 °C Combigaren mit Heißluft bei 70 % Feuchtigkeit vorheizen. Den Brokkoli in sehr kleine Röschen schneiden, den Blauschimmelkäse grob zerkleinern. Den Thymian abbrausen, trocken tupfen und die Blätter abzupfen. Brokkoli, Käse, Thymian und Sahne mit den Gnocchi vermischen und den Auflauf ca. 35 Min. garen. Heiß servieren.

Flammkuchen mit Zucchini und roter Zwiebel

ZUBEREITUNG

Für den Teig das Mehl auf die Arbeitsfläche sieben und in der Mitte eine Mulde formen. Die Hefe im lauwarmen Wasser auflösen. Das Hefewasser in die Mulde gießen, Olivenöl und Salz zugeben und alles zu einem glatten Teig verkneten. Den Teig in eine Schüssel legen, mit Frischhaltefolie abdecken und ca. 1 Std. bei Zimmertemperatur gehen lassen.

In der Zwischenzeit für den Belag die Zucchini der Länge nach in ca. 2 mm dünne Scheiben schneiden. Die Scheiben leicht salzen und 10 Min. ziehen lassen. Die Zwiebel schälen und in ca. 4 mm breite Scheiben schneiden. Den Koriander grob mörsern.

Den Combidampfgarer auf 210 °C Combigaren mit Heißluft bei 40 % Feuchtigkeit vorheizen. Ein Backblech mit Olivenöl ausstreichen. Den Teig durchkneten, auf der leicht bemehlten Arbeitsfläche zu einem 2–3 mm dünnen Oval ausrollen (ca. 30 cm x 20 cm) und auf das Blech legen. Crème fraîche auf dem Teig verteilen, mit Zucchini und Zwiebel belegen und mit Koriander, Salz und Pfeffer würzen. Den Flammkuchen ca. 20 Min. backen.

TIPP

Wenn Sie Flammkuchen für vier Personen zubereiten möchten, verdoppeln Sie die Mengen und rollen Sie den Teig auf Backblechgröße aus.

ZUBEREITUNGSZEIT

45 Min. plus Garzeit

SCHWIERIGKEITSGRAD

mittel

FÜR 2 PORTIONEN

Für den Teig

125 g Mehl
(Type W700 bzw. Type 550)
plus etwas zum Verarbeiten
5 g frische Hefe
75 ml lauwarmes Wasser
1 EL Olivenöl
plus etwas für das Backblech
½ TL Salz

Für den Belag

1 Zucchini
Salz
1 rote Zwiebel
½ TL Koriandersamen
60 g Crème fraîche
frisch gemahlener schwarzer Pfeffer

Tarte Tatin mit Tomaten und Gruyère

ZUBEREITUNG

Den Combidampfgarer auf 210 °C Combigaren mit Heißluft bei 40 % Feuchtigkeit vorheizen. Ein Backblech mit Backpapier auslegen. Die Tomaten halbieren, von Samen und Stielansatz befreien und auf das Backblech legen. Die Knoblauchzehen zerdrücken, den Thymian abbrausen, trocken tupfen und die Blätter abzupfen. Knoblauch, Thymian und Öl über die Tomaten geben und mit Salz würzen. 15 Min. garen, herausnehmen und auskühlen lassen.

Die Springform oder Tarteform mit Backpapier exakt auslegen. Die Tomaten mit der Rundung nach unten auf das Backpapier legen. Gruyère darüberstreuen. Den Blätterteig etwas größer als die Tarteform zuschneiden und auf den Käse legen, überstehende Teigränder einschlagen. Im Combidampfgarer 20 Min. bei gleicher Einstellung garen.

In der Zwischenzeit die Pinienkerne in einer Pfanne ohne Fett duftend rösten. Die Tarte herausnehmen, ca. 2 Min. ruhen lassen, danach vorsichtig auf einen Teller stürzen. Das Backpapier entfernen und die Tarte mit Pinienkernen und Basilikum garniert servieren.

ZUBEREITUNGSZEIT

45 Min. plus Garzeit

SCHWIERIGKEITSGRAD

mittel

FÜR 4 PORTIONEN

6 große Tomaten
4 Knoblauchzehen mit Schale
4 Zweige Thymian
2 EL Olivenöl
Salz
80 g geriebener Gruyère
1 Rolle Blätterteig (280 g)
1 EL Pinienkerne
1 Handvoll Basilikumblätter zum Garnieren

Außerdem

Springform oder Tarteform (ø 22 cm)

Pilztarte mit Ricotta und Orangen

ZUBEREITUNG

Den Combidampfgarer auf 180 °C Combigaren mit Heißluft bei 70 % Feuchtigkeit vorheizen. Die Pilze putzen, je nach Größe halbieren oder in ca. 1 cm breite Scheiben schneiden. Den Salbei abbrausen, trocken tupfen und die Blätter abzupfen.

Den Teig in die gefettete Tarteform legen, den Rand leicht andrücken und überstehenden Teig einschlagen. Ricotta mit Eiern, Orangenabrieb und -saft verrühren, mit Salz und Pfeffer würzen und auf dem Teig verteilen.

Die Pilze mit Salz und Pfeffer würzen und mit Weißweinessig und Olivenöl vermischen. Die Mischung auf der Tarte verteilen und die Salbeiblätter darauflegen. Die Tarte ca. 35 Min. goldgelb backen.

ZUBEREITUNGSZEIT

35 Min. plus Garzeit

SCHWIERIGKEITSGRAD

mittel

FÜR 6 PORTIONEN

400 g gemischte Pilze (z. B. Kräuterseitlinge, Champignons)
2 Stängel Salbei
1 Rolle Quicheteig oder Blätterteig (280 g)
250 g Ricotta
2 Eier
Abrieb und Saft von 1 Bio-Orange
Salz
frisch gemahlener schwarzer Pfeffer
1 EL Weißweinessig
2 EL Olivenöl

Außerdem

runde Tarteform (ø 22 cm)
Butter für die Form

Kartoffel-Kohlgemüse-Tarte mit Rotkohlsalat

ZUBEREITUNGSZEIT

45 Min. plus Garzeit

SCHWIERIGKEITSGRAD

leicht

FÜR 4 PORTIONEN

Für den Rotkohlsalat

300 g Rotkohl
Abrieb und Saft von 1 Bio-Zitrone
3 EL Olivenöl
Salz

Für die Tarte

200 g Blumenkohl
200 g Brokkoli
200 g Kartoffeln (festkochend)
frisch gemahlener schwarzer Pfeffer
frisch geriebene Muskatnuss
200 ml Sahne
1 EL Dijonsenf
50 g geriebener Bergkäse
30 g Mandeln, grob gehackt

Außerdem

Tarteform (ø 25 cm)

ZUBEREITUNG

Für den Rotkohlsalat den Rotkohl putzen, in sehr feine Streifen schneiden, mit Zitronenabrieb und -saft sowie Olivenöl mischen und mit Salz würzen. 20 Min. ziehen lassen.

Für die Tarte Blumenkohl und Brokkoli putzen, in einen gelochten Gareinsatz legen und mit der Einstellung Dampfgaren bei 100 °C 10 Min. dämpfen. Herausnehmen und in Stücke oder Scheiben schneiden.

Den Combidampfgarer auf 180 °C bei 50 % Feuchtigkeit vorheizen. Die Kartoffeln schälen und in hauchdünne Scheiben schneiden, mit Salz, Pfeffer und Muskatnuss würzen und mit Brokkoli und Blumenkohl in die Tarteform schichten. Sahne und Dijonsenf verrühren und über das Gemüse gießen. Zum Schluss den Bergkäse darüberstreuen.

Die Tarte im ersten Garschritt bei 180 °C und 50 % Feuchtigkeit ca. 15 Min. garen. Anschließend die Mandeln darüberstreuen. Die Tarte im zweiten Garschritt bei 200 °C und 20 % Feuchtigkeit weitere 20 Min. überbacken. Die Tarte mit dem Rotkohlsalat servieren.

Dinkelfächerbrot mit roten Zwiebeln, Fenchel und Koriander

ZUBEREITUNGSZEIT

45 Min. plus Garzeit und Gehzeiten

SCHWIERIGKEITSGRAD

mittel

FÜR 4-6 PORTIONEN

Für den Teig

500 g Dinkelvollkornmehl plus etwas zum Verarbeiten
1 TL Salz
1 TL Zucker
1 Pck. Trockenhefe
300 ml lauwarmes Wasser

Für die Füllung

350 g rote Zwiebeln
1 EL Fenchelsamen
1 EL Koriandersamen
Salz
1 EL Zucker

Außerdem

Kastenform (10 cm x 30 cm)
etwas Öl für die Form
Butter und Blütensalz zum Servieren

ZUBEREITUNG

Für den Teig Dinkelvollkornmehl, Salz, Zucker, Hefe und Wasser in einer Rührmaschine langsam vermengen und den Teig ca. 5 Min. glatt kneten. Abgedeckt 1–1,5 Std. gehen lassen.

Für die Füllung in der Zwischenzeit die Zwiebeln schälen und in feine Scheiben schneiden. Fenchel- und Koriandersamen grob im Mörser zerstoßen und mit Zwiebeln, Salz und Zucker vermischen.

Den Brotteig gut durchkneten, auf der leicht bemehlten Arbeitsfläche ca. 60 cm lang und 10 cm breit ausrollen. Die Zwiebelscheiben darauf verteilen und den Teig zu einer Rolle zusammenschlagen. Die Rolle verdrehen und dabei in der Größe an die Kastenform anpassen. Den Teig in die gefettete Kastenform legen und abgedeckt 1 Std. gehen lassen.

In der Zwischenzeit den Combidampfgarer auf 100 °C Combigaren mit Heißluft bei 100 % Feuchtigkeit vorheizen. Das Brot im ersten Garschritt 7 Min., im zweiten Garschritt bei 165 °C und 90 % Feuchtigkeit 15 Min., im dritten Garschritt bei 170 °C und 50 % Feuchtigkeit 30 Min. und im vierten Garschritt bei 30 °C und 30 % Feuchtigkeit 10 Min. backen.

Das Brot 10 Min. in der Form ruhen lassen, dann aus der Form stürzen und mit Butter und Blütensalz servieren.

Roggenbrot mit Paprikasalsa

ZUBEREITUNGSZEIT

50 Min. plus Garzeit und Gehzeiten

SCHWIERIGKEITSGRAD

mittel

FÜR 4 PORTIONEN

Für den Sauerteig

30 ml warmes Wasser
7 g Sauerteigextrakt (z. B. von Alnatura)
40 g Roggenmehl

Für den Vorteig

4 g Trockenhefe
340 ml lauwarmes Wasser
60 g Weizenmehl
(Type W 700 bzw. Type 550)
plus etwas zum Bestäuben
350 g Roggenvollkornmehl
13 g Salz

Für die Paprikasalsa

1 rote Paprikaschote
½ kleine Chilischote
1 Zwiebel
½ Bund Koriander
2 EL Sonnenblumenöl
Saft von 1 Limette
50 ml weißer Balsamicoessig
20 g Vollrübenzucker

ZUBEREITUNG

Für den Sauerteig alle Zutaten am besten mit der Hand zu einem glatten Teig verkneten. Mit Frischhaltefolie abgedeckt bei Zimmertemperatur 24 Std. ruhen lassen. Für den Vorteig Trockenhefe, 70 ml lauwarmes Wasser und Weizenmehl zu einem glatten Teig verkneten und abgedeckt 12 Std. in den Kühlschrank stellen.

Sauerteig und Vorteig mit 270 ml lauwarmem Wasser vermischen. Roggenvollkornmehl und Salz zugeben und alles langsam zu einem glatten Teig verkneten. Abgedeckt ca. 3 Std. gehen lassen. Den Teig von Zeit zu Zeit zusammenkneten, sollte er zu stark aufgehen. Zum Schluss den Teig gut durchkneten.

Einen Kochtopf (ø 20 cm) mit Backpapier auslegen, den Teig in den Topf füllen, mit etwas Mehl bestäuben, flach drücken und abgedeckt ca. 1 Std. bei Zimmertemperatur gehen lassen. Den Combidampfgarer auf 200 °C Combigaren mit Heißluft bei 30 % Feuchtigkeit vorheizen. Das Brot auf der unteren Schiene ca. 40 Min. backen. Auskühlen lassen.

Für die Salsa Paprika und Chilischote von Samen und Scheidewänden befreien. Die Paprika vierteln und fein würfeln, die Chilischote fein hacken. Die Zwiebel schälen und fein würfeln. Koriander abbrausen, trocken tupfen, die Blätter abzupfen und fein hacken. Öl, Limettensaft, Balsamicoessig und Zucker verrühren und mit Paprika, Chili, Zwiebel und Koriander vermengen. Die Salsa mit dem Roggenbrot servieren.

Steinpilzpesto-Weißbrot

ZUBEREITUNGSZEIT

35 Min. plus Garzeit und Gehzeiten

SCHWIERIGKEITSGRAD

mittel

FÜR 4 PORTIONEN

Für das Steinpilzpesto

25 g getrocknete Steinpilze
1 Knoblauchzehe
50 g Parmesan
100 ml Olivenöl
20 g Petersilienblätter
½ TL Salz
frisch gemahlener schwarzer Pfeffer

Für den Weißbrotteig

180 g weißes Dinkelmehl
170 g Weizenmehl (Type W700 bzw. Type 550)
100 g Roggenvollkornmehl
10 g frische Hefe
300 ml lauwarmes Wasser
9 g Salz
1 EL Apfelessig
1 EL Honig
1 EL Brotgewürz

ZUBEREITUNG

Für das Pesto die Steinpilze 20 Min. in kaltem Wasser einweichen. Die Knoblauchzehe schälen und halbieren. Steinpilze aus dem Wasser nehmen, gut ausdrücken und mit Knoblauch, grob zerkleinertem Parmesan, Olivenöl, Petersilie, Salz und Pfeffer mit dem Stabmixer fein pürieren.

Für den Weißbrotteig alle Mehlsorten in die Küchenmaschine geben. Die Hefe mit dem Wasser verrühren und zufügen. Mit dem Knethaken zu einem Teig verarbeiten, dabei Salz, Apfelessig, Honig und das Brotgewürz zufügen. 6 Min. langsam kneten, anschließend mindestens 2 Std. abgedeckt gehen lassen. Den Teig nochmals gut durchkneten, halbieren und die Hälften jeweils zu einem Baguette formen. Die Brote ca. 1 Std. gehen lassen. Den Combidampfgarer auf 225 °C Combigaren mit Heißluft bei 40 % Feuchtigkeit vorheizen.

Die Oberseite der Brote mit einem Messer alle 2 cm schräg einschneiden und das Pesto in den Zwischenräumen verteilen. Die Baguettes im Combidampfgarer 12 Min. anbacken, anschließend die Hitze auf 200 °C reduzieren und die Brote 20 Min. fertig backen.

Weiße-Rüben-Salat mit rotem Knäckebrot

ZUBEREITUNGSZEIT

45 Min. plus Garzeit

SCHWIERIGKEITSGRAD

leicht

FÜR 4 PORTIONEN

Für das Knäckebrot

170 g Mehl
(Type W700 bzw. Type 550)
90 g Hartweizengrieß
5 g Trockenhefe
½ TL Salz
130 ml Rote-Bete-Saft
60 ml Olivenöl
plus 2 EL zum Bestreichen
Fleur de Sel zum Bestreuen

Für den Salat

50 g Paranüsse
400 g weiße Rüben
Abrieb und Saft von 1 Bio-Zitrone
Honig
2 EL Haselnussöl
Salz
frisch gemahlener schwarzer Pfeffer
1 Schale Kresse

ZUBEREITUNG

Den Combidampfgarer auf 200 °C Combigaren mit Heißluft bei 20 % Feuchtigkeit vorheizen. Für das Knäckebrot alle Zutaten in der Küchenmaschine zu einem glatten Teig verkneten. Mit einem Küchentuch abgedeckt ca. 1 Std. gehen lassen. Den Teig auf der bemehlten Arbeitsfläche 1–2 mm dünn ausrollen, mit 2 EL Olivenöl bestreichen und mit Fleur de Sel locker bestreuen. 20–25 Min. knusprig backen.

Für den Weiße-Rüben-Salat die Paranüsse grob in Stücke schneiden und mit dem Knäckebrot im Combidampfgarer bei gleicher Einstellung ca. 10 Min. rösten. Die weißen Rüben schälen und mit einer Schneidemaschine in feine Scheiben schneiden. Mit Zitronenabrieb und -saft sowie Honig und Öl mischen, mit Salz und Pfeffer würzen. Den Salat mit Paranüssen und Kresse bestreuen und mit dem Knäckebrot servieren.

Fleisch, Geflügel & Fisch

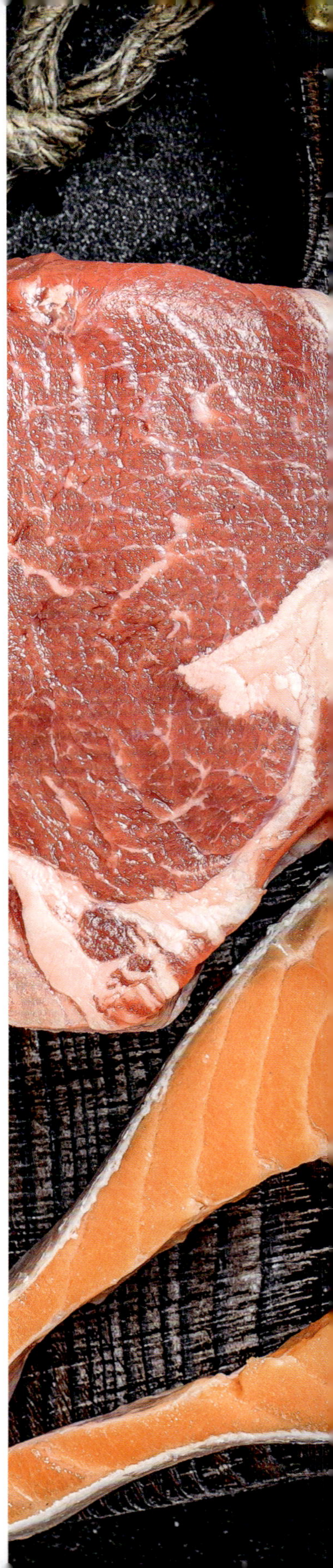

Nachhaltiger Fleisch- und Fischkonsum

Qualität vor Quantität

Dass wir unseren Fleischkonsum überdenken müssen, wissen heute nicht nur die Kinder und Jugendlichen von „Fridays for Future" und andere Klimaschützer. Neben den ökologischen Aspekten sind es vor allem ethische und gesundheitliche Gründe, weshalb wir auf Qualität beim Kauf von Fleisch achten sollten.

Weniger rotes Fleisch

Zahlreiche wissenschaftliche Untersuchungen legen nahe, dass ein erhöhter Konsum von rotem Fleisch wie Schweine- oder Rindfleisch ebenso wie ein häufiger Konsum von Wurstwaren das Darmkrebsrisiko deutlich erhöhen kann. Wer weißes Fleisch und Fisch als tierische Eiweißquelle nutzt, tut sich im Hinblick auf die Darmgesundheit also etwas Gutes. Die Weltgesundheitsorganisation empfiehlt daher, vorrangig weißes Fleisch, also Geflügel wie Huhn, Pute, Gans oder Ente, zu verzehren.

Geflügel gilt als das beliebteste Fleisch. Sportler schätzen es vor allem wegen seines hohen Eiweißgehalts, der je nach Geflügelart zwischen elf und 25 Gramm pro einhundert Gramm Fleisch liegt. Zudem enthält Geflügel wertvolle B-Vitamine, die Nerven und Stoffwechsel guttun. Geflügel ist rasch zubereitet und kulinarisch vielfältig einsetzbar. Ob in klassischer Hausmannskost, mediterran, asiatisch oder orientalisch – in vielen Länderküchen steht Geflügel regelmäßig auf dem Speiseplan. Die Zubereitung im Dampfgarer könnte nicht passender sein, denn sie verhindert, dass das magere Fleisch trocken wird. Probieren Sie doch mal unsere Paella mit saftiger Hühnerbrust und Zitronenjoghurt (siehe S. 131) oder die Asia-Hühnersuppe (siehe S. 139).

Aus Liebe zur Umwelt

Aber auch aus ökologischer Perspektive sollten wir dringend unseren Fleischkonsum überdenken. Der WWF stellt fest: „Fleisch macht zwar nur neun Prozent unserer gesamten Ernährung aus, verursacht aber 43 Prozent der ernährungsbedingten Treibhausgas-Emissionen und heizt somit die Erderwärmung weiter an." Und das Problem bleibt nicht bei unserer Haustüre stehen, sondern hat auch globale Auswirkungen. Die Industriestaaten können nämlich den Bedarf an landwirtschaftlichen Flächen, die für dieses Ausmaß der Viehzucht notwendig sind, nicht mehr allein decken und bedienen sich daher landwirtschaftlicher Flächen in fernen Ländern. So wird das als Tierfutter begehrte Soja beispielsweise in Südamerika angebaut, wo dafür wertvolle Regenwälder und waldreiche Savannen abgeholzt werden. Ein Teufelskreis, der nicht nur dramatische ökologische, sondern auch schwere soziale Auswirkungen hat, denn der lokalen Bevölkerung gehen dadurch wertvolle Ressourcen verloren.

Wenn Fleisch, dann bitte bio

Wenn wir also Fleisch mit gutem Gewissen genießen wollen, sind wir gut beraten, heimisches Biofleisch zu kaufen und dieses maßvoll zu genießen. Die Ernährungswissenschaft genau wie die Umweltschutzorganisationen empfehlen heute unisono, tierische Produkte möglichst aus biologischer Landwirtschaft oder in vergleichbarer Qualität zu verzehren und auf billige Ware aus Massentierhaltung gänzlich zu verzichten. Nicht nur aus ethischer, sondern auch aus gesundheitlicher Sicht sind diese Empfehlungen sinnvoll. Da an die Fütterung von Bio-Vieh strenge Anforderungen gestellt werden und das vorrangig ökologische Futter ohne Pflanzenschutzmittel und synthetische Düngung erzeugt worden sein muss, ist auch das Fleisch mit deutlich weniger Schadstoffen belastet. Auch gentechnisch veränderte Futtermittel sowie die Gabe von Antibiotika sind in der Bio-Viehzucht untersagt. So kommen weder wachstums- und leistungsfördernde Anabolika noch Hormone zum Einsatz, die sich ungünstig auf den menschlichen Hormonhaushalt auswirken könnten. Eine Studie aus England konnte zeigen, dass Biofleisch zudem mehr gesunde ungesättigte Fettsäuren enthält als konventionelles Fleisch. Das Fleisch von Tieren, die den Sommer über auf der Weide gehalten wurden, dadurch mehr frisches Grünfutter gefressen und sich mehr bewegt hatten, enthielt rund doppelt so viel wertvolle Omega-3-Fettsäure wie das Fleisch von Tieren, die im Stall standen. Und wer seinen Gaumen geschult hat, wird ohnehin rasch erkennen, dass es auch aus kulinarischer Sicht sinnvoll ist, tierische Lebensmittel in Bio- oder vergleichbarer Qualität auf den Tisch zu bringen. Das Mehr an gesunden Fettsäuren bringt nämlich auch ein Mehr an Geschmack.

Wild auf Wild

Wildfleisch war bei guten Köchinnen und Köchen immer schon eine begehrte Delikatesse. Und auch in der Ernährungsmedizin gilt es als eine Art Superfood unter den Fleischsorten. Für den Konsum von Wildfleisch wie Reh, Hase oder Hirsch als Alternative zu Schwein, Kalb oder Rind spricht also so einiges. Da sich Wildtiere viel bewegen, haben sie einen hohen Muskelanteil und wenig Körperfett. Das Fleisch ist reich an wertvollen Omega-3- und Omega-6-Fettsäuren und enthält außerdem eine Vielzahl anderer wichtiger Nährstoffe wie Zink, Selen, Eisen und B-Vitamine. Auch ethische Überlegungen sprechen für den Konsum von Wild-

fleisch: Für ein ökologisches Gleichgewicht in den Wäldern muss der Wildbestand nämlich ohnehin laufend dezimiert werden. Wildfleisch ist in der modernen Küche vielfältig einsetzbar, ob als Schmorgericht, Ragout oder Suppe, zur Pasta, als Gulasch oder asiatisches Curry. Auch wir haben es in unsere Rezepte integriert und ein delikates Hirschragout mit Preiselbeertascherln und Rosenkohl (siehe S. 119) sowie eine Rehkeule im Heu mit Briocheknödeln und Chinakohl (siehe S. 116) im Combidampfgarer für Sie zubereitet.

Nachhaltiger Fischkonsum

Fisch soll regelmäßig auf den Teller, wenn es nach Ernährungsmediziner*innen geht. Denn Fisch enthält wertvolles Eiweiß und ist reich an wertvollen Fettsäuren, Vitaminen, Mineralstoffen und Spurenelementen. Gleichzeitig warnen jedoch Umweltschutzorganisationen vor den katastrophalen Folgen, wenn unsere Meere zunehmend überfischt werden. Was also tun? Wer Fisch unter ökologischen Aspekten konsumiert, verarbeitet vorrangig heimischen Fisch, um die Überfischung der Weltmeere nicht noch weiter voranzutreiben. So können wir nachhaltig genießen und den nächsten Generationen eine einigermaßen intakte Meereswelt hinterlassen. Auch die heimischen Gewässer haben wertvolle Köstlichkeiten zu bieten und in naturnahen Zuchtfarmen und Teichen werden ebenso gesunde und ökologisch gut vertretbare Alternativen zu den bereits vom Aussterben bedrohten beliebten Meeresfischen wie Thunfisch oder Seehecht herangezogen. Die Empfehlung von Umweltschutzorganisationen, auf Meeresfisch weitgehend zu verzichten, haben auch wir beherzigt und uns bei der Rezeptkreation auf heimische Köstlichkeiten beschränkt. Wie wäre es mit gegrilltem Zander in Paprikasoße mit Erbsen- und Kartoffelpüree (siehe S. 145), Karpfen mit Couscous und Limettenjoghurt (siehe S. 149) oder marinierter Forelle mit Lauch und Apfel (siehe S. 150)?

Weniger ist mehr

Neben der Qualität ist auch die Quantität ein wesentliches Kriterium, um Fleisch und Fisch nachhaltig zu genießen. So können wir bereits bei der Auswahl und Komposition unserer Gerichte entscheiden, ob Tierisches unser Mahl gleichsam als Höhepunkt krönt und verfeinert und wie wir jenes wertvolle Gut behandeln, um dem uns geschenkten Leben des Tieres Respekt zu zollen. Dann nämlich werden wir es wie eine edle Spezialität einsetzen – sparsam und mit Bedacht. Riesige Fleischbrocken auf dem Teller oder der tägliche Verzehr tierischer Lebensmittel trotzen der eigenen Gesundheit ebenso wie einem nachhaltigen Fleischkonsum und zeugen nicht selten von einer ewig gestrigen und einfallslosen Küche.

Überbackene Schweinskoteletts mit Bohnenpüree

ZUBEREITUNGSZEIT

45 Min. plus Garzeit

SCHWIERIGKEITSGRAD

mittel

FÜR 4 PORTIONEN

Für das Bohnenpüree

300 g rote Kidneybohnen (Dose)
1 Zwiebel
1 Knoblauchzehe
1 Stück Ingwer (1 cm)
Abrieb und Saft von 1 Bio-Limette
1 EL Olivenöl
Salz
frisch gemahlener schwarzer Pfeffer
2 Scheiben Toastbrot
8 getrocknete Marillen
30 g fein geriebener Pecorino
2 EL frisch gehackte Korianderblätter
plus etwas zum Bestreuen
2 EL Olivenöl
½ getrocknete Chilischote, gehackt

Für die Koteletts

4 Koteletts vom Duroc-Schwein
à 250 g (2 cm dick),
alternativ Bio-Schweinekoteletts
2 EL Olivenöl

ZUBEREITUNG

Den Combidampfgarer auf 180 °C Combigaren mit Heißluft bei 70 % Feuchtigkeit vorheizen. Für das Bohnenpüree die roten Bohnen in einem Sieb kalt abspülen und in eine kleine Wannenform legen. Zwiebel und Knoblauch schälen und fein schneiden. Ingwer schälen und grob schneiden. Zwiebel, Knoblauch, Ingwer sowie Limettenabrieb und -saft zu den Bohnen geben. Mit Olivenöl beträufeln und mit Salz und Pfeffer würzen. Die Bohnen 20 Min. garen. Anschließend die Bohnenmischung fein pürieren.

Die Koteletts abspülen, trocken tupfen, mit Salz und Pfeffer würzen und in einer ofenfesten Pfanne mit Olivenöl auf beiden Seiten kurz anbraten. Sie sollten innen noch roh sein.

Den Combidampfgarer 5 Min. auf Grillstufe 3 vorheizen. Das Toastbrot fein würfeln, die Marillen in feine Streifen schneiden und mit Pecorino, Koriander, Olivenöl, Salz und Chili vermischen. Die Koteletts in der Pfanne mit der Mischung belegen und ca. 10 Min. überbacken. Mit Koriander bestreuen und mit dem Bohnenpüree servieren.

Bauchfleisch mit Weißkohl

ZUBEREITUNG

Für das Bauchfleisch die Zwiebeln schälen und halbieren, die Karotten schälen, die Knoblauchknolle halbieren. Das Bauchfleisch abspülen, trocken tupfen, die Schwarte mit einem scharfen Messer einritzen, auf der Fleischseite salzen. Koriander im Mörser zerstoßen, mit Fenchel und Zimt vermischen und die Schwarte damit einreiben. Knoblauch, Zwiebeln und Karotten auf ein Backblech legen. Das Fleisch mit der Schwarte nach oben darauflegen und 24 Std. abgedeckt kalt stellen.

Den Combidampfgarer auf 150 °C Combigaren mit Heißluft bei 70 % Feuchtigkeit vorheizen. Das Fleisch aus dem Kühlschrank nehmen und die Rinderbrühe angießen; sie sollte bis zur Schwarte reichen. Den Schweinebauch abgedeckt ca. 2 Std. weich garen. Herausnehmen.

Für das Kraut den Combidampfgarer auf 180 °C Combigaren mit Heißluft bei 60 % Feuchtigkeit vorheizen. Den Weißkohl vierteln und jedes Viertel mit 2 Scheiben Schinken umwickeln. Mit Olivenöl bestreichen und mit Salz würzen. Ca. 20 Min. garen, herausnehmen und warm halten.

Zum Schluss das Bauchfleisch in den Combidampfgarer auf Grillstufe 3 geben und die Schwarte ca. 15 Min. knusprig grillen. Den Schweinebauch mit dem Kraut servieren.

ZUBEREITUNGSZEIT

ca. 60 Min. plus Garzeit
und Ruhezeit

SCHWIERIGKEITSGRAD

mittel

FÜR 6 PORTIONEN

Für das Bauchfleisch

2 Zwiebeln
4 kleine Karotten
1 Knoblauchknolle
ca. 1,2 kg Bauchfleisch vom Schwein
Salz
1 EL Koriandersamen
1 TL Fenchelsamen
½ TL Zimt
ca. 2 l Rinderbrühe

Für den Weißkohl

½ Weißkohl (ca. 400 g)
8 Scheiben Schwarzwälder Schinken
oder Schinkenspeck
2 EL Olivenöl

Rehkeule im Heu mit Briocheknödeln und Chinakohl

ZUBEREITUNGSZEIT

70 Min. plus Garzeit

SCHWIERIGKEITSGRAD

mittel

FÜR 6 PORTIONEN

Für die Rehkeule

3 Handvoll Heu
1 Rehkeule (ca. 2 kg)
1 EL Wacholderbeeren
Salz
frisch gemahlener schwarzer Pfeffer

Für die Briocheknödel

240 g Brioche
1 mittelgroße Zwiebel
40 g Butter
100 ml Milch
2 Eier
3 EL frisch gehackte Petersilie
30 g Mehl
(Type W700 bzw. Type 550)

Für den Chinakohlsalat

1 Chinakohl
1 EL Kürbiskernöl
2 EL Reisessig
2 EL Sesamöl oder Olivenöl
2 EL Fischsoße

ZUBEREITUNG

Den Combidampfgarer auf 150 °C Combigaren mit Heißluft bei 70 % Feuchtigkeit vorheizen. Für die Rehkeule das Heu mit heißem Wasser gut abspülen und feucht halten. Die Rehkeule abspülen, trocken tupfen, mit grob zerstoßenen Wacholderbeeren, Salz und Pfeffer gut einreiben, mit Küchengarn zusammenbinden, in das feuchte Heu wickeln und auf ein Backblech legen. Je nach Größe ca. 45 Min. garen. Die Kerntemperatur sollte 53 °C betragen.

Für die Briocheknödel die Brioche in 1 cm große Würfel schneiden. Die Zwiebel schälen und fein würfeln. Butter in einer Pfanne erhitzen, die Zwiebel darin anschwitzen. Mit Milch ablöschen. Die Zwiebelmischung, Eier, Petersilie, Mehl, Salz und Pfeffer mit den Briochewürfeln vermengen. Den Teig zur Rolle formen, in Frischhaltefolie wickeln und mit der Einstellung Dampfgaren bei 100 °C 20 Min. garen.

Für den Salat den Chinakohl in feine Streifen schneiden und mit Kürbiskernöl, Reisessig, Sesamöl, Fischsoße, Salz und Pfeffer mischen. 10 Min. ziehen lassen.

Die Rehkeule aus dem Heu nehmen, aufschneiden und mit Briocheknödelscheiben und dem Chinakohlsalat servieren.

Hirschragout mit Preiselbeertascherln und Rosenkohl

ZUBEREITUNGSZEIT

70 Min. plus Garzeit

SCHWIERIGKEITSGRAD

schwer

FÜR 4 PORTIONEN

Für das Ragout

800 g ausgelöste Hirschschulter
2 Knoblauchzehen
1 Stange Lauch
Salz
frisch gemahlener schwarzer Pfeffer
2 EL Olivenöl
2 EL Preiselbeeren (Glas)
2 Zweige Thymian
1 Zweig Rosmarin
3 Lorbeerblätter
4 Wacholderbeeren
250 ml kräftiger Rotwein
500 ml brauner Wildfond, alternativ Rinderfond
1 Karotte
100 g Knollensellerie
Abrieb und Saft von 1 Bio-Orange
Mehlbutter zum Binden (siehe Tipp), optional

ZUBEREITUNG

Den Combidampfgarer auf 170 °C Combigaren mit Heißluft bei 30 % Feuchtigkeit vorheizen. Die Hirschschulter abspülen, trocken tupfen und in ca. 2 cm große Würfel schneiden. Knoblauchzehen schälen und fein hacken. Den Lauch putzen und in 8 cm lange Stücke schneiden. Das Fleisch mit Salz und Pfeffer würzen und mit Knoblauch und Olivenöl mischen. In den Gareinsatz legen und 25 Min. garen. Preiselbeeren, Thymian, Rosmarin, Lorbeer, Wacholderbeeren und Lauch zugeben. Weitere 10 Min. garen. Rotwein und Fond angießen und das Ragout 2 Std. garen. Karotte und Sellerie schälen, in mundgerechte Stücke schneiden, mit Orangenabrieb und -saft zugeben und weitere 30–40 Min. mit dem Ragout garen. Die Kräuter entfernen und das Ragout mit Salz und Pfeffer abschmecken. Die Soße nach Wunsch mit Mehlbutter binden.

TIPP

Für die Mehlbutter weiche Butter und Mehl zu gleichen Teilen vermischen, je nach gewünschter Konsistenz zur Soße geben und aufkochen. →

Für die Preiselbeertascherl

200 ml Milch
30 g Butter
140 g Mehl (Type W700 bzw. Type 550)
3 Eigelb
100 g Preiselbeerkompott

Für den Rosenkohl

250 g Rosenkohl
2 EL Olivenöl
1 EL Honig
Saft von ½ Zitrone
1 TL Paprikapulver
1 TL gemahlene Kurkuma
1 EL Mandelstifte

Für die Tascherl den Combidampfgarer auf 140 °C Combigaren mit Heißluft bei 80 % Feuchtigkeit vorheizen. Milch und Butter mit etwas Salz aufkochen. Mehl zugeben. Mit dem Kochlöffel rühren, bis sich der Teig vom Topfboden löst. Den Teig in eine Schüssel füllen, mit 2 Eigelben verkneten und auf der leicht bemehlten Arbeitsfläche 2 mm dünn ausrollen. Mit einem runden Ausstecher (ø 10 cm) Kreise ausstechen. Die Kreise mit Eigelb bestreichen und je 1 EL Preiselbeerkompott daraufsetzen. Die Taschen zusammenklappen und die Ränder festdrücken. Auf einen Backeinsatz legen.

Den Rosenkohl putzen, halbieren, mit den restlichen Zutaten vermischen und in einen ungelochten Garbehälter geben. Im Combidampfgarer zusammen mit den Tascherln 20 Min. garen. Das Ragout mit Rosenkohl und den Tascherln anrichten.

Beiried mit Grießdalken und Bohnen

ZUBEREITUNGSZEIT

45 Min. plus Garzeit

SCHWIERIGKEITSGRAD

mittel

FÜR 4 PORTIONEN

Für die Beiried

800 g Beiried
Salz
Pfeffer
1 El Dijonsenf oder Estragonsenf
2 EL Sonnenblumenöl

Für die Grießdalken

500 ml Milch
70 g Butter
90 g Grieß
40 g geriebener Parmesan
1 TL frisch gehackter Rosmarin
frisch geriebene Muskatnuss

Für die Bohnen

500 g grüne Bohnen
1 rote Zwiebel
1 Knoblauchzehe
2 Tomaten

ZUBEREITUNG

Den Combidampfgarer auf 150 °C Combigaren mit Heißluft bei 70 % Feuchtigkeit vorheizen. Die Beiried abspülen, trocken tupfen, mit Salz und Pfeffer würzen und rundum mit Senf einstreichen. Öl in einer Pfanne erhitzen, die Beiried darin auf beiden Seiten anbraten, dann im Combidampfgarer auf der mittleren Schiene 20 Min. rosa braten; die Kerntemperatur sollte 52 °C betragen.

Für die Grießdalken Milch mit der Butter aufkochen, den Grieß zugeben. Unter ständigem Rühren 5 Min. kochen. Parmesan und Rosmarin zugeben, mit Salz und Muskatnuss würzen. Ein Backblech mit Backpapier auslegen, die Grießmasse 2 cm hoch aufstreichen und auskühlen lassen. Mit einem Ausstecher (ø 2–5 cm) Dalken ausstechen. Den Combidampfgarer auf 200 °C Combigaren mit Heißluft bei 20 % Feuchtigkeit vorheizen. Die Grießdalken ca. 10 Min. garen.

Die grünen Bohnen putzen. Zwiebel und Knoblauch schälen, fein schneiden und mit den Bohnen vermischen. Die Tomaten halbieren, von Stielansatz und Samen befreien und in ca. 1 cm große Stücke schneiden. Mit Salz und Pfeffer würzen. Den Combidampfgarer auf 180 °C Combigaren mit Heißluft bei 100 % Feuchtigkeit vorheizen. Das Gemüse darin ca. 15 Min. weich garen, anschließend mit den Grießdalken und der aufgeschnittenen Beiried servieren.

Lammrücken mit bunten Zucchini und Polenta

ZUBEREITUNGSZEIT

45 Min. plus Garzeit

SCHWIERIGKEITSGRAD

mittel

FÜR 4 PORTIONEN

Für die Zucchini

1 gelbe Zucchini
1 grüne Zucchini
2 kleine rote Zwiebeln
2 Knoblauchzehen
3 Stängel Bohnenkraut
2 EL Olivenöl
1 EL Reisessig oder weißer Balsamicoessig
Salz
frisch gemahlener schwarzer Pfeffer

Für den Lammrücken

800 g Lammkotelett im Ganzen
1 TL Koriandersamen
2 EL Olivenöl

Für die Polenta

20 g Polenta
250 ml Milch
30 g Butter
20 g Parmesan

ZUBEREITUNG

Die Zucchini längs halbieren und die Hälften der Länge nach dritteln. Zwiebeln und Knoblauch schälen, die Zwiebeln vierteln, den Knoblauch in feine Scheiben schneiden, das Bohnenkraut abbrausen, trocken tupfen, die Blätter abzupfen und fein hacken. Mit Zucchini, Olivenöl und Reisessig vermischen, in eine Auflaufform geben und mit Salz und Pfeffer würzen.

Den Combidampfgarer auf Combigaren Grillstufe 3 bei 60 % Feuchtigkeit vorheizen. Das Lammkotelett abspülen und trocken tupfen. Koriandersamen grob zerstoßen. Das Fleisch mit Koriander und Salz einreiben, mit Olivenöl beträufeln und auf die Zucchini legen. 23 Min. garen; die Kerntemperatur im Fleisch sollte 55 °C betragen.

Polenta, Milch, Butter, Parmesan, Salz und Pfeffer in einem kleinen Topf mischen und mit der Einstellung Dampfgaren bei 100 °C 35 Min. garen. Mit dem Lamm servieren.

Gefüllte Süßkartoffeln mit Asia-Karotten und Limettenjoghurt

ZUBEREITUNGSZEIT

ca. 40 Min. plus Garzeit

SCHWIERIGKEITSGRAD

leicht

FÜR 4 PORTIONEN

Für die Süßkartoffeln

4 große Süßkartoffeln à 300 g
1 Zwiebel
4 Knoblauchzehen
1 Stück Ingwer (1 cm)
2 EL Olivenöl
400 g Geflügelhackfleisch
2 EL Sojasoße
1 EL Vollrohr- oder Vollrübenzucker

Für den Limettenjoghurt

125 g griechischer Joghurt
Saft von 1 Limette
Salz

Für die Asia-Karotten

200 g Karotten
1 Frühlingszwiebel
½ TL gemahlener Ingwer
½ TL Vollrohr- oder Vollrübenzucker
1 EL Reisessig
1 EL Sojasoße
1 EL geröstetes Sesamöl
Abrieb und Saft von 1 Bio-Limette

ZUBEREITUNG

Den Combidampfgarer auf 180 °C Combigaren mit Heißluft bei 80 % Feuchtigkeit vorheizen. Die Süßkartoffeln auf ein Backblech legen und im Combidampfgarer 1 Std. weich garen.

Für die Füllung Zwiebel, Knoblauch und Ingwer schälen, fein würfeln und in einer Pfanne mit Olivenöl anschwitzen. Das Hackfleisch zugeben und einige Minuten braten. Sojasoße und Zucker zugeben.

Für den Limettenjoghurt Joghurt, Limettensaft und Salz verrühren.

Für die Asia-Karotten die Karotten schälen und in feine Streifen schneiden, die Frühlingszwiebel in feine Scheiben schneiden und alles mit Ingwer, Zucker, Reisessig, Sojasoße, Sesamöl sowie Limettenabrieb und -saft vermischen.

Die Süßkartoffel in der Mitte der Länge nach ca. 3 cm tief einschneiden und salzen. Mit Joghurt, Hackfleisch und Asia-Karotten füllen.

Paella mit saftiger Hühnerbrust und Zitronenjoghurt

ZUBEREITUNGSZEIT

55 Min. plus Garzeit

SCHWIERIGKEITSGRAD

leicht

FÜR 4 PORTIONEN

Für die Paella

2 Knoblauchzehen
1 rote Zwiebel
1 daumengroßes Stück Ingwer
150 g Karotten
1 Bio-Zitrone
4 Hähnchenbrustfilets
150 g Rundkornreis
(z. B. Arborio, Carnaroli)
400 ml Hühnerbrühe
1 Stück Sternanis
1 EL Currypulver
1 Zweig Rosmarin
Salz
frisch gemahlener schwarzer Pfeffer

Für den Zitronenjoghurt

125 g griechischer Joghurt
Saft von 1 Zitrone
Meersalz

ZUBEREITUNG

Für die Paella Knoblauchzehen und Zwiebel schälen, die Zwiebel vierteln, den Knoblauch in feine Scheiben schneiden. Ingwer schälen und fein hacken, die Karotten schälen und in ca. 4 cm lange Stäbchen schneiden. Die Zitrone heiß abwaschen, trocken tupfen und in Scheiben schneiden. Die Hähnchenbrustfilets abspülen und trocken tupfen.

Reis, Hühnerbrühe, Sternanis, Karotten, Zwiebel und Currypulver in einen ungelochten Gareinsatz geben. Die Hähnchenbrustfilets auf den Reis legen, mit Salz und Pfeffer würzen und mit Rosmarin, Knoblauch, Ingwer und Zitronenscheiben belegen. Mit der Einstellung Dampfgaren bei 100 °C 35 Min. garen.

Für den Zitronenjoghurt alle Zutaten vermischen. Die Hühnerbrust-Paella auf Tellern anrichten und mit dem Joghurt servieren.

Salbei-Zitronen-Huhn mit Kartoffeln und Kirschtomaten

ZUBEREITUNGSZEIT

45 Min. plus Garzeit

SCHWIERIGKEITSGRAD

mittel

FÜR 4 PORTIONEN

1 küchenfertiges Huhn
Salz
2 EL Olivenöl
1 große rote Zwiebel
3 Knoblauchzehen
400 g Baby-Kartoffeln
4 Stängel Salbei
500 ml Hühnerbrühe oder Hühnerfond
1 EL Vollrohrzucker
Abrieb und Saft von 1 Bio-Zitrone
80 g Kirschtomaten
2 EL Kapernbeeren

ZUBEREITUNG

Den Combidampfgarer auf 180 °C Combigaren mit Heißluft bei 70 % Feuchtigkeit vorheizen. Das Huhn abspülen und trocken tupfen, anschließend in Keule und Brust zerteilen, die Keule nochmals in Ober- und Unterkeule zerteilen, die Hühnerbrust halbieren. Mit Salz würzen und mit Olivenöl einreiben.

Zwiebel und Knoblauch schälen, die Zwiebel in 1 cm breite Scheiben schneiden, den Knoblauch in feine Scheiben schneiden. Die Kartoffeln waschen und auf der Oberseite mehrmals ein paar Millimeter tief einschneiden. Den Salbei abbrausen, trocken tupfen und die Blätter abzupfen.

Hühnerbrühe, Zucker, Zitronenabrieb und -saft, Salbei und Kirschtomaten, Zwiebel und Knoblauch in einen Bräter, eine Auflaufform oder auf ein Backblech geben. Die Hühnerteile darauflegen und dazwischen die Kartoffeln platzieren. 50 Min. garen.

In der Zwischenzeit die Kapernbeeren klein schneiden und über das fertig gebratene Huhn streuen.

Rosa gebratene Entenbrust mit Kürbisauflauf

ZUBEREITUNGSZEIT

45 Min. plus Garzeit

SCHWIERIGKEITSGRAD

mittel

FÜR 4 PORTIONEN

Für den Kürbisauflauf

1 rote Zwiebel
2 Knoblauchzehen
500 g Hokkaidokürbis
Salz
frisch gemahlener schwarzer Pfeffer
250 ml Sahne

Für die Entenbrust

2 Entenbrustfilets
2 Prisen Zimt
2 Knoblauchzehen
2 Zweige Thymian
2 Stück Sternanis
1 EL Honig
2 EL Sojasoße
100 ml Geflügelfond

Außerdem

4 kleine Auflaufformen
(ø 6 cm, 4 cm hoch) oder
große Auflaufform (ø 25 cm)

ZUBEREITUNG

Den Combidampfgarer auf 180 °C Combigaren mit Heißluft bei 80 % Feuchtigkeit vorheizen. Für den Kürbisauflauf Zwiebel und Knoblauch schälen und in feine Scheiben schneiden. Den Kürbis halbieren, von Samen befreien und in kleine Stücke schneiden. Kürbis, Zwiebel und Knoblauch mischen, mit Salz und Pfeffer würzen. Sahne unterrühren. Die Kürbismischung in die Formen füllen und 30 Min. backen. Herausnehmen und warm halten.

In der Zwischenzeit die Entenbrustfilets abspülen, trocken tupfen, auf der Hautseite kreuzweise einschneiden, ohne in das Fleisch zu schneiden. Mit Salz und Zimt würzen. Den Knoblauch schälen und fein hacken. Den Thymian abbrausen, trocken tupfen und mit dem Sternanis auf den Entenbrustfilets verteilen. Die Filets in einen ungelochten Garbehälter legen. Honig, Sojasoße und Geflügelfond angießen.

Den Combidampfgarer auf Grillstufe 3 Combigaren bei 20 % Feuchtigkeit vorheizen. Die Entenbrüste 13–15 Min. garen; die Ente sollte innen noch rosa sein und eine Kerntemperatur von ca. 53 °C aufweisen. Die Entenbrüste 5 Min. ruhen lassen, danach aufschneiden und mit dem Kürbisauflauf und der Soße anrichten.

Gefüllte Gans mit Zwergorangen und Trauben

ZUBEREITUNGSZEIT

1 Std. plus Garzeit

SCHWIERIGKEITSGRAD

mittel

FÜR 6 PORTIONEN

Für die Gans

1 küchenfertige Gans (ca. 4 kg)
500 ml kaltes Wasser
1 Zwiebel
200 g gemischte Weintrauben
50 g Zwergorangen

Für die Füllung

3 säuerliche Äpfel (z. B. Boskop)
1 TL Majoran
Salz
frisch gemahlener weißer Pfeffer
200 g Brioche
2 Eier
100 ml Milch

Für die Soße

1 EL Öl
1 EL Tomatenmark
1-2 l Geflügel- oder Kalbsfond
1 EL frisch gehackter Beifuß
Speisestärke nach Bedarf

ZUBEREITUNG

Die Gans innen und außen abspülen und trocken tupfen. Den Combidampfgarer auf 160 °C Combigaren mit Heißluft bei 40 % Feuchtigkeit vorheizen.

Für die Füllung die Äpfel nach Wunsch schälen, vom Kerngehäuse befreien und fein würfeln und mit Majoran, Salz und Pfeffer mischen. Die Brioche fein würfeln, mit Eiern, Milch und den Äpfeln vermengen. Die Gans damit füllen, mit Küchengarn binden, mit einer Keulenseite in einen großen Bräter setzen und mit Salz und Pfeffer würzen. Wasser angießen. Auf der unteren Schiene 3–3,5 Std. garen, dabei gelegentlich auf die andere Keulenseite drehen und mit dem Schmorfond begießen. 1 Std. vor Ende der Garzeit die Zwiebel schälen, vierteln und mit Trauben und Zwergorangen zugeben. Die Gans auf den Rücken legen.

Die Gans herausnehmen, auf einem kalten Ofengitter 10–15 Min. ruhen lassen. Auf dem Gitter mit einer Fettpfanne darunter im zweiten Garschritt bei 180 °C Oberhitze und 40 % Feuchtigkeit ca. 10 Min. bräunen. Die Gans herausnehmen und ruhen lassen.

Für die Soße das Fett abgießen. Den Bratensatz mit Öl und Tomatenmark kurz anrösten. Geflügelfond angießen, aufkochen und ca. 30 Min. köcheln lassen. Beifuß zugeben und mit Salz und Pfeffer würzen, gegebenenfalls mit Stärke binden. Soße durch ein Sieb passieren. Die Gans aufschneiden und mit Füllung, Zwergorangen und Soße servieren.

Asia-Hühnersuppe

ZUBEREITUNG

Das Suppenhuhn abspülen und trocken tupfen, in Brust und Keule teilen, die Haut abziehen. Den Ingwer schälen und in Scheiben schneiden. Die Frühlingszwiebeln putzen und schräg in Streifen schneiden. Die Pilze putzen und in Streifen schneiden.

Das Huhn in einen Topf oder Wanneneinsatz legen, mit Wasser aufgießen. Sherry, Sojasoße, Ingwer, Frühlingszwiebeln, Pilze, ganze Knoblauchzehen und Sternanis zugeben. Mit der Einstellung Dampfgaren bei 100 °C 2 Std. garen. In Suppentellern anrichten und mit Koriander und Chili garnieren.

ZUBEREITUNGSZEIT

45 Min. plus Garzeit

SCHWIERIGKEITSGRAD

leicht

FÜR 4 PORTIONEN

1 küchenfertiges Suppenhuhn
1 Stück Ingwer (3 cm)
4 Frühlingszwiebeln
100 g Shimeji-Pilze, alternativ Shiitake- oder Austernpilze
1,5 l Wasser
100 ml Sherry
2 EL Sojasoße
4 Knoblauchzehen
2 Stück Sternanis
frisch gehackter Koriander
1 getrocknete Chilischote, gehackt

Welsgulasch mit Paprika und Speckknödeln

ZUBEREITUNGSZEIT

45 Min. plus Garzeit

SCHWIERIGKEITSGRAD

mittel

FÜR 4 PORTIONEN

Für die Speckknödel

½ Bund Petersilie
170 g Weißbrot vom Vortag
150 ml warme Milch
2 Eier
100 g Speckwürfel
Salz
frisch geriebene Muskatnuss
Olivenöl für das Blech

Für den Wels

800 g Welsfilet
2 rote Paprikaschoten
2 Frühlingszwiebeln
1 Zweig Rosmarin
100 ml Weißwein
100 ml Sahne
2 EL Paprikapulver
1 TL Kümmelsamen

ZUBEREITUNG

Für die Speckknödel Petersilie abbrausen, trocken tupfen, die Blätter abzupfen und fein hacken. Weißbrot würfeln, mit Milch, Eiern, Speckwürfeln, Petersilie, Salz und Muskat verkneten und 10 Min. ruhen lassen. Aus der Masse kleine Knödel formen und auf ein gefettetes Backblech legen.

Den Combidampfgarer auf 185 °C Combigaren mit Heißluft bei 60 % Feuchtigkeit vorheizen. Den Fisch abspülen, trocken tupfen und in 5 cm große Stücke schneiden. Die Paprika von Samen und Scheidewänden befreien und fein würfeln. Die Frühlingszwiebeln schräg in ca. 3 cm breite Scheiben schneiden. Den Rosmarin abbrausen, trocken tupfen und die Nadeln abzupfen.

Paprika, Frühlingszwiebeln, Weißwein, Sahne und Paprikapulver in einen ungelochten Einsatz geben und vermengen. Den Fisch mit Salz würzen und den Kümmel darüberstreuen. Die Fischstücke auf dem Gemüse verteilen und mit Rosmarin bestreuen. Die Knödel und den Wels gemeinsam im Combidampfgarer 20 Min. garen.

Gegrillter Zander in Paprikasoße mit Erbsen- und Kartoffelpüree

ZUBEREITUNGSZEIT

45 Min. plus Garzeit

SCHWIERIGKEITSGRAD

mittel

FÜR 4 PORTIONEN

Für das Kartoffelpüree

800 g Kartoffeln (mehligkochend)
200 ml Milch
70 g Butter
Salz
frisch geriebene Muskatnuss

Für das Erbsenpüree

1 Knoblauchzehe
330 g Erbsen
1 EL Olivenöl
1 EL Crème fraîche
Abrieb und Saft von 1 Bio-Zitrone
frisch gemahlener schwarzer Pfeffer

Für den Zander

2 gelbe Paprikaschoten
1 Zwiebel
1 Knoblauchzehe
200 ml Sahne
100 ml Weißwein
8 kleine Zanderfilets
2 EL Olivenöl für das Blech

Außerdem

Shiso-Kresse zum Garnieren

ZUBEREITUNG

Für das Kartoffelpüree die Kartoffeln ungeschält in einen Locheinsatz legen und die Kartoffeln mit der Einstellung Dampfgaren bei 100 °C ca. 1 Std. weich dämpfen. Kartoffeln schälen und durch eine Kartoffelpresse drücken. Milch und Butter mit Salz und Muskatnuss aufkochen, nach und nach zu den Kartoffeln geben und das Püree cremig rühren. Das Püree warm halten.

Für das Erbsenpüree den Knoblauch schälen, fein würfeln und mit den restlichen Zutaten im Combidampfgarer mit der gleichen Einstellung 5 Min. garen. Pürieren und mit Salz und Pfeffer würzen.

Den Combidampfgarer auf 180 °C Combigaren mit Heißluft bei 70 % Feuchtigkeit vorheizen. Für den Zander die Paprika von Samen und Scheidewänden befreien und fein schneiden. Zwiebel und Knoblauch schälen, fein würfeln und mit den Paprikastücken in eine kleine Wannenform geben. Sahne und Weißwein angießen. 20 Min. garen. Mit dem Stabmixer fein pürieren.

Den Combidampfgarer auf Grillstufe 3 vorheizen. Zander abspülen, trocken tupfen, mit Salz und Pfeffer würzen und auf ein gefettetes Backblech legen. Auf der oberen Schiene 10–13 Min. grillen. Mit Pürees und Soße anrichten und mit Kresse garnieren.

Ganzer Saibling mit mediterraner Quinoa

ZUBEREITUNGSZEIT

45 Min. plus Garzeit

SCHWIERIGKEITSGRAD

mittel

FÜR 4 PORTIONEN

150 g Quinoa
300 ml Gemüsebrühe
2 EL Kalamata-Oliven
50 g getrocknete Tomaten
1 EL frisch gehackte Korianderblätter
Salz
frisch gemahlener schwarzer Pfeffer
1 Bio-Zitrone
4 Knoblauchzehen
1 Stück Ingwer (3 cm)
8 Zweige Thymian
2 Zweige Rosmarin
2 frische Saiblinge

ZUBEREITUNG

Quinoa und Gemüsebrühe in einen ungelochten Gareinsatz geben und mit der Einstellung Dampfgaren bei 100 °C 30 Min. dämpfen. Oliven und Tomaten fein hacken und mit Quinoa und Koriander vermischen. Mit Salz und Pfeffer würzen.

Den Combidampfgarer auf 180 °C Combigaren mit Heißluft bei 70 % Feuchtigkeit vorheizen. Die Zitrone heiß abspülen, trocken tupfen, von der Schale Zesten schneiden, anschließend die Zitrone in feine Scheiben schneiden. Knoblauch und Ingwer schälen und in feine Scheiben schneiden. Thymian und Rosmarin abbrausen und trocken tupfen.

Die Saiblinge abspülen, trocken tupfen, mittig auf jeweils einen Bogen Backpapier legen, mit Salz und Pfeffer würzen und mit Zitronenscheiben und -abrieb, Knoblauch, Ingwer, Thymian und Rosmarin belegen. Die Backpapierbögen zu festen Päckchen falten und nebeneinander auf ein Backblech legen. Die Saiblinge im Combidampfgarer ca. 30 Min. garen und mit der mediterranen Quinoa servieren.

Karpfen mit Couscous und Limettenjoghurt

ZUBEREITUNGSZEIT

45 Minuten plus Garzeit

SCHWIERIGKEITSGRAD

mittel

FÜR 4 PORTIONEN

Für den Couscous

200 g Couscous
Salz
150 ml Gemüsebrühe oder Wasser
½ TL Chilipulver
½ TL Currypulver
2 EL Olivenöl
2 EL gehackte Korianderblätter

Für den Karpfen

1 Bio-Limette
1 Stück Ingwer (4 cm)
2 Stangen Zitronengras
1 Stück Sternanis
4 Karpfenfilets à 170 g
2 Pak Choi
200 g Kirschtomaten
50 ml Sojasoße

Für den Limettenjoghurt

150 g griechischer Joghurt
Saft von 1 Limette

ZUBEREITUNG

Couscous, Salz, Gemüsebrühe, Chilipulver und Currypulver in eine kleine ofenfeste Form geben, sodass der Boden ca. 5 mm hoch bedeckt ist. Mit der Einstellung Dampfgaren bei 100 °C 15 Min. garen. Herausnehmen und mit Olivenöl und Koriander mischen.

Den Combidampfgarer auf 180 °C Combigaren mit Heißluft bei 90 % Feuchtigkeit vorheizen. Die Limette heiß abwaschen, trocken tupfen und in Scheiben schneiden. Den Ingwer schälen und in Scheiben schneiden. Das Zitronengras in feine Scheiben schneiden und mit Sternanis sowie den Limetten- und Ingwerscheiben in eine Auflaufform legen. Den Karpfen abspülen, trocken tupfen und mit Pak Choi und den Tomaten ebenfalls in die Form legen. Mit Salz würzen und mit Sojasoße beträufeln. 20 Min. garen.

Joghurt mit Limettensaft verrühren, mit Salz würzen und mit Fisch, Gemüse und Couscous anrichten.

Marinierte Forelle mit Lauch und Apfel

ZUBEREITUNGSZEIT

35 Min. plus Garzeit

SCHWIERIGKEITSGRAD

leicht

FÜR 4 PORTIONEN

2 küchenfertige Forellen
2 EL Harissapulver
4 EL Rohrzucker
Saft von 1 Orange
Saft von 2 Limetten
Salz
2 Stangen Lauch
2 Schalotten
2 Äpfel
350 ml Weißwein
4 EL Olivenöl

ZUBEREITUNG

Den Combidampfgarer auf 180 °C Combigaren mit Heißluft bei 50 % Feuchtigkeit vorheizen. Die Forelle abspülen und trocken tupfen. Für die Marinade Harissa, Rohrzucker, Orangen- und Limettensaft sowie Salz vermischen und die Forelle rundherum und in der Bauchhöhle damit einreiben. Den Fisch auf ein Backblech legen.

Den Lauch putzen und quer vierteln. Die Schalotte schälen und halbieren. Den Apfel vom Kerngehäuse befreien und in Scheiben schneiden. Lauch mit Weißwein und Olivenöl vermischen, mit Salz würzen und mit Schalottenhälften und Apfelscheiben auf das Backblech legen. Ca. 20 Min. garen.

Süß

Desserts
Himmlisch leicht mit süßen Früchten

Nichts krönt ein Festmahl mehr als ein raffiniertes Dessert. Die süßen Delikatessen aus dem Combidampfgarer können mit zwei besonders bestechenden Vorteilen aufwarten: Die Feuchtigkeit gart schonend mithilfe von Wasserdampf und die Betriebsarten Grill, Heißluft oder Ober- und Unterhitze sorgen für appetitliche Bräunung. Um unseren Süßspeisen einen fruchtigen Geschmack und einen gesundheitlichen Mehrwert zu geben, haben wir uns bei der Kreation der Rezepte auferlegt, möglichst vielfältiges und heimisches Obst zu verarbeiten.

Äpfel und Birnen – viel Gesundes, wenig Kalorien

Der Apfel gilt mit rund 30 verschiedenen Vitaminen und Mineralstoffen als eine der gesündesten Früchte überhaupt – und das bei geringstem Kaloriengehalt: Ein mittelgroßer Apfel besteht zu 85 Prozent aus Wasser und enthält nur rund 60 Kilokalorien. Somit ist er eines der wertvollsten Lebensmittel für all jene, die gesund und schlank bleiben wollen. Der hohe Pektingehalt in Äpfeln hat darüber hinaus positive Auswirkungen auf unsere Darmgesundheit. Schon seit jeher wird der Apfel in der Volksmedizin als Heilmittel bei Magen- und Darmbeschwerden eingesetzt. Die reichlich enthaltenen Ballaststoffe senken Cholesterin- und Blutfettspiegel und binden Giftstoffe. Regelmäßiger Verzehr von sonnengereiften Äpfeln kann die Bildung von schädlichen Stoffen in unserem Darm ebenso hemmen wie die Ansiedelung von unerwünschten Bakterien.

In Äpfeln finden wir außerdem wichtige Spurenelemente, Mineralstoffe und Vitamine wie beispielsweise Natrium, Kalium, Kalzium, Magnesium, Eisen, Phosphor, Kieselsäure, Niacin, Folsäure, Vitamin A, B1, B2, B6, C und E sowie Quercetin, Flavonoide und Carotinoide. Daraus ergibt sich eine lange Reihe an positiven Effekten auf unsere Gesundheit: Äpfel sind hilfreich bei Gelenkbeschwerden, stärken unser Immunsystem, pflegen unsere Haut, binden freie Radikale, helfen bei Appetitlosigkeit und Gedächtnisstörungen, regulieren unseren Cholesterinspiegel und senken unsere Blutfette. Sie werden basisch verstoffwechselt, sind äußerst verdauungsfördernd und helfen beim Abnehmen und Entschlacken. Regelmäßig gegessen können sie sogar Herzinfarkt vorbeugen und die Tumorbildung verhindern.

Birnen gehören wie Äpfel zu den Rosengewächsen. Sie haben einen wesentlich geringeren Gehalt an Fruchtsäure als Äpfel und schmecken daher süßer. Birnen sind reich an Kalium und Phosphor – daher haben sie eine entwässernde und nervenstärkende Wirkung. Außerdem enthalten Birnen Eisen, Kalzium, Vitamin B1 und B2, Vitamin C und Folsäure.

Die im Ofen geschmorte Rotwein-Birne mit Sternanis und Zimt (siehe S. 156) und der betörende Schokoladencroissant-Apfel-Auflauf (siehe S. 163) gehören zu unseren Lieblingsrezepten der süßen Obstküche!

Feigen bereichern optisch und kulinarisch

Die Feige ist eine der ältesten Kulturpflanzen. Mit etwas Geschick und Geduld lässt sie sich auch in unseren Breiten kultivieren, sofern die winterlichen Temperaturen keine Rekordwerte erzielen. Aufgrund ihrer verdauungsfördernden Enzyme eignet sich die Feige hervorragend als Hausmittel gegen Stuhlträgheit und unterstützt frisch wie getrocknet eine gesunde Verdauung. Auch wirken Feigen antibakteriell und sind reich an Ballaststoffen.

Frische Früchte sind wesentlich kalorienärmer als getrocknete – aber beide Formen sind kulinarisch wie gesundheitlich eine Bereicherung für jede Küche. Auch bei Leber- und Gallenleiden können Feigen therapeutische Hilfe leisten und Krankheiten vorbeugen. Ein hoher Magnesiumgehalt hilft, in stressigen Zeiten zu entspannen, und das einzigartige Aussehen der biblischen Frucht erfreut nicht nur den Gaumen, sondern auch Auge und Gemüt. Feigen eignen sich sowohl für Süßspeisen, Chutneys, Marmeladen und Desserts als auch für die pikant-süße Küche in Kombination mit Fleisch, Geflügel oder Getreidegerichten. Für Auge und Gaumen gleichermaßen genussvoll ist unser Feigen-Clafoutis (siehe S. 159).

Süße Beeren, die Gesundheitsbooster

Zu den gesündesten und wohl auch beliebtesten Obstsorten gehören süße Beeren. Erdbeeren enthalten nur sechs Gramm Fruchtzucker pro 100 Gramm, sind reich an Ballaststoffen, Eisen, Kalzium und Vitamin C. Himbeeren stärken unser Immunsystem, sind krebshemmend, regen den Stoffwechsel an und bestehen zum Großteil aus Wasser. B-Vitamine, Vitamin C und E, Eisen, Kalium, Kalzium und Magnesium zählen zu den gesundheitsförderlichen Inhaltstoffen. Blaubeeren enthalten Polyphenole, Antioxidantien und Anthocyane, die allesamt Gesundheitsbooster sind. Brombeeren sind ballaststoffreich und voller Vitamin C, B1 und K. Wir haben Beeren in einige süße Rezepte integriert. Genießen Sie mit uns Basilikum-Soufflé mit Limoncello-Himbeeren (S. 168), gebackenen Reis mit Erdbeeren und Pistazien (siehe S. 167) oder Topfenschmarrn mit Blaubeeren und Mandeln (siehe S. 160).

Geschmorte Rotwein-Birne mit Sternanis und Zimt

ZUBEREITUNG

Den Combidampfgarer auf 180 °C Combigaren mit Heißluft bei 70 % Feuchtigkeit vorheizen. Die Birnen schälen, halbieren und in eine Auflaufform legen. Den Rotwein sowie Lorbeerblätter, Zimtstange, Sternanis und Zucker zugeben. Die Orange schälen, das Fruchtfleisch in Scheiben schneiden und ebenfalls in die Auflaufform geben. 50 Min. garen. Auskühlen lassen oder lauwarm servieren.

ZUBEREITUNGSZEIT

15 Min. plus Garzeit

SCHWIERIGKEITSGRAD

leicht

FÜR 4 PORTIONEN

4 Birnen
500 ml Rotwein
2 Lorbeerblätter
1 Zimtstange
1 Stück Sternanis
60 g Vollrübenzucker
1 Bio-Orange

Feigen-Clafoutis

ZUBEREITUNG

Den Combidampfgarer auf 210 °C Combigaren mit Heißluft bei 70 % Feuchtigkeit vorheizen. Die Feigen vierteln, die Butter schmelzen.

Die Eier verquirlen und mit Butter, Mehl, Zucker, Milch und Vanillezucker zu einem Teig verrühren. Die Auflaufformen großzügig fetten, den Teig hineingeben und mit den Feigen belegen. Clafoutis 20 Min. garen. Herausnehmen, mit Puderzucker bestäuben, mit Minzblättern garnieren und warm servieren.

ZUBEREITUNGSZEIT

15 Min. plus Garzeit

SCHWIERIGKEITSGRAD

leicht

FÜR 4 PORTIONEN

5 Feigen
50 g Butter plus etwas für die Formen
2 Eier
80 g Mehl
(Type W700 bzw. Type 550)
60 g Zucker
150 ml Milch
1 Pck. Vanillezucker

Außerdem

Puderzucker zum Bestäuben
Minzblätter zum Garnieren
2 Auflaufformen (13 cm x 13 cm)

Topfenschmarrn mit Blaubeeren und Mandeln

ZUBEREITUNG

Speisequark, Sauerrahm, Rum, Salz, Vanillezucker, Zitronenabrieb, Puderzucker, Grieß und Stärke in einer Schüssel mit dem Schneebesen glatt rühren. Die Eier trennen und die Eigelbe unterrühren. Die Eiweiße mit dem Zucker steif schlagen und unterheben.

Den Combidampfgarer auf 200 °C Combigaren mit Heißluft bei 50 % Feuchtigkeit vorheizen. Eine ofenfeste Pfanne (ø 28 cm) erhitzen, die Butter darin schmelzen. Die Speisequarkmasse einfüllen und die Blaubeeren sowie die Mandeln darauf verteilen. Den Schmarrn 1 Min. auf dem Herd braten, anschließend im Combidampfgarer 18 Min. fertig backen. Den Schmarrn herausnehmen, mit 2 Gabeln zerreißen und mit Puderzucker bestäubt servieren.

ZUBEREITUNGSZEIT

25 Min. plus Garzeit

SCHWIERIGKEITSGRAD

mittel

FÜR 4 PORTIONEN

250 g Speisequark (20 % Fett)
125 g Sauerrahm
2 cl Rum
1 Prise Salz
1 Pck. Vanillezucker
Abrieb von 1 Bio-Zitrone
60 g Puderzucker
plus etwas zum Bestäuben
30 g Weizengrieß
2 TL Maisstärke
3 Eier
20 g Zucker
2 EL Butter
200 g Blaubeeren
30 g Mandeln, grob gehackt

Schokoladencroissant-Apfel-Auflauf

ZUBEREITUNG

Den Combidampfgarer auf 180 °C Combigaren mit Heißluft bei 80 % Feuchtigkeit vorheizen. Den Apfel vom Kerngehäuse befreien, in Spalten schneiden und die Spalten quer halbieren. Die Schokoladencroissants halbieren und in eine Auflaufform legen.

Für die Soße alle Zutaten gut verrühren. Die Croissants mit der Soße übergießen und die Apfelstücke zugeben. 30 Min. backen. Herausnehmen und mit Puderzucker bestäubt servieren.

TIPP

Dieses Rezept ist wie geschaffen für den Combidampfgarer und wird in keinem anderen Gerät so köstlich.

ZUBEREITUNGSZEIT

25 Min. plus Garzeit

SCHWIERIGKEITSGRAD

leicht

FÜR 4 PORTIONEN

Für die Soße

3 Eier
125 ml Milch
250 ml Sahne
30 g Kakaopulver
50 g Vollrübenzucker

Außerdem

1 säuerlicher Apfel
4 Schokoladencroissants
Puderzucker zum Bestäuben
Auflaufform (30 cm x 15 cm)

Haferflockengranola mit Kirschkompott

ZUBEREITUNG

Den Combidampfgarer auf 180 °C Combigaren mit Heißluft bei 70 % Feuchtigkeit vorheizen. Für die Granola Öl, Honig, Rohrzucker, Rum und Haferflocken verrühren. Die Masse auf einem mit Backpapier ausgelegten Backblech verteilen. 20 Min. backen.

Für das Kompott die Kirschen entkernen und mit Abrieb und Saft von Zitrone und Orange, Gelierzucker und Sternanis vermischen. 20 Min. bei gleicher Einstellung im Dampfgarer garen. Herausnehmen und lauwarm oder kalt mit der Granola servieren.

ZUBEREITUNGSZEIT

35 Min. plus Garzeit

SCHWIERIGKEITSGRAD

leicht

FÜR 4 PORTIONEN

Für die Granola

1 EL Traubenkernöl oder Sonnenblumenöl
2 EL Honig
1 EL Rohrzucker
½ TL Rum
60 g Haferflocken

Für das Kirschkompott

500 g Kirschen
Abrieb und Saft von 1 Bio-Zitrone
Abrieb und Saft von 1 Bio-Orange
80 g Gelierzucker 1:1
2 Stück Sternanis

Gebackener Reis mit Erdbeeren und Pistazien

ZUBEREITUNGSZEIT

25 Min. plus Garzeit

SCHWIERIGKEITSGRAD

leicht

FÜR 4 PORTIONEN

Für den Reis

1 Vanilleschote
100 g Langkornreis
250 ml Milch
250 ml Wasser
100 ml Sahne
1 Prise Salz
50 g Vollrübenzucker
4 Kardamomkapseln
Abrieb und Saft von 1 Bio-Zitrone
Abrieb und Saft von 1 Bio-Orange

Für die Erdbeeren

250 g Erdbeeren
Saft von 1 Orange
30 g Pistazien, grob gehackt

Außerdem

Butter und Zucker für die Form
Auflaufform (20 cm x 20 cm)

ZUBEREITUNG

Den Combidampfgarer auf 180 °C Combigaren mit Heißluft bei 70 % Feuchtigkeit vorheizen. Die Auflaufform fetten und mit Zucker ausstreuen. Die Vanilleschote der Länge nach halbieren und das Mark herauskratzen.

Reis, Milch, Wasser, Sahne, Salz, Zucker, Kardamom, Vanillemark, Abrieb und Saft von Zitrone und Orange vermischen und in die Auflaufform geben. Den Reis 50 Min. weich garen.

Die Erdbeeren vom Stielansatz befreien, halbieren, mit dem Orangensaft und den Pistazien vermischen und mit dem warmen Reis servieren.

Basilikum-Soufflé mit Limoncello-Himbeeren

ZUBEREITUNGSZEIT

35 Min. plus Garzeit

SCHWIERIGKEITSGRAD

mittel

FÜR 4 PORTIONEN

Für das Soufflé

Abrieb und Saft von 1 Bio-Zitrone
20 g Basilikumblätter
100 g Joghurt (3,6 % Fett)
3 Eier
250 g Speisequark (20 % Fett)
2 EL Maisstärke
2 cl Rum
1 Pck. Vanillezucker
1 Prise Salz
70 g Vollrohr- oder Vollrübenzucker

Für die Limoncello-Himbeeren

200 g Himbeeren
50 ml Limoncello

Außerdem

Butter und Zucker für die Form
Auflaufform (ø 30 cm)

ZUBEREITUNG

Den Combidampfgarer auf 180 °C Combigaren mit Heißluft bei 50 % Feuchtigkeit vorheizen. Die Auflaufform fetten und mit Zucker ausstreuen.

Zitronenabrieb und -saft mit Basilikumblättern und Joghurt mit dem Stabmixer pürieren. Die Eier trennen. Die Eigelbe mit der Basilikum-Joghurt-Masse, Speisequark, Maisstärke, Rum, Vanillezucker und Salz verrühren. Die Eiweiße steif schlagen, dabei nach und nach den Zucker zugeben. Den Eischnee unter die Speisequarkmasse heben. Die Masse in die Auflaufform füllen und ca. 25 Min. garen.

Die Himbeeren mit dem Limoncello verrühren und mit dem Soufflé servieren.

Geschmorte Lavendel-Marillen mit Sauerrahmschaum und Basilikum-Crumble

ZUBEREITUNGSZEIT

45 Min. plus Garzeit

SCHWIERIGKEITSGRAD

leicht

FÜR 4 PORTIONEN

Für die Marillen

8 kleine Marillen
50 ml Reissirup oder Honig
100 ml Orangensaft
2 Stück Sternanis
Mark von ½ Vanilleschote
1 EL Lavendelblüten

Für den Crumble

60 g Pekannüsse, grob gehackt
100 g kalte Butter
100 g Weizenmehl
(Type W700 bzw. Type 550)
60 g Vollrohr- oder Vollrübenzucker
1 EL frisch gehackte Basilikumblätter
Salz

Für den Sauerrahmschaum

250 g Sauerrahm
Abrieb und Saft von 1 Bio-Limette
30 g Puderzucker
150 ml Sahne

ZUBEREITUNG

Den Combidampfgarer auf 170 °C Combigaren mit Heißluft bei 100 % Feuchtigkeit vorheizen. Für die Lavendel-Marillen die Marillen halbieren, entsteinen und auf ein Backblech legen. Mit Reissirup, Orangensaft, Sternanis, Vanillemark und Lavendelblüten mischen. Ca. 20 Min. (je nach Reife der Marillen) garen; die Marillen sollen dabei nicht zerfallen. Auskühlen lassen.

Den Combidampfgarer auf 180 °C Combigaren mit Heißluft bei 20 % Feuchtigkeit vorheizen. Für den Crumble Pekannüsse, die Butter in Würfeln, Mehl, Zucker, Basilikum und Salz verkneten und grob auf ein mit Backpapier ausgelegtes Backblech bröseln. Ca. 15 Min. goldgelb backen. Auskühlen lassen.

Für den Sauerrahmschaum Sauerrahm, Limettenabrieb und -saft sowie Puderzucker mischen. Sahne steif schlagen und unterheben. Den Sauerrahmschaum auf Teller verteilen, die Marillen darauflegen und mit dem Basilikumcrumble bestreuen.

Buchteln mit Nougat

ZUBEREITUNG

Für den Vorteig die Milch lauwarm (ca. 30 °C) erhitzen. Die Hefe in 80 ml Milch auflösen und mit 90 g Mehl zu einem dickflüssigen Brei verrühren. Mit etwas Mehl bestreuen und abgedeckt an einem warmen Ort (28–30 °C) ca. 15 Min. gehen lassen, bis die Oberfläche Risse zeigt.

Eigelbe, Zucker, Vanillezucker, Zitronenabrieb und Salz schaumig verrühren. Die restliche Milch einrühren und die Masse mit dem restlichen Mehl, 80 g Butter und dem Vorteig verkneten. Abgedeckt bei Zimmertemperatur ca. 1 Std. gehen lassen, bis der Teig um zwei Drittel aufgegangen ist.

Die Auflaufformen fetten. Den Teig kurz durchkneten, auf der bemehlten Arbeitsfläche ca. 5 mm dick ausrollen und Kreise (ø 9 cm) ausstechen. In die Mitte jedes Teigkreises ein 2 cm großes Stück Nougat setzen. Die Teigränder in die Mitte klappen, verdrehen und zusammendrücken. Buchteln in die zerlassene Butter tauchen, mit dem Verschluss nach unten in die Formen setzen, dazwischen etwas Platz lassen und an einem warmen Ort ca. 60 Min. gehen lassen.

Den Combidampfgarer auf 175 °C Combigaren mit Heißluft bei 60 % Feuchtigkeit vorheizen. Die Buchteln 25 Min. garen und mit Puderzucker bestäubt servieren.

ZUBEREITUNGSZEIT

45 Min. plus Garzeit
und Gehzeiten

SCHWIERIGKEITSGRAD

mittel

FÜR 4–6 PORTIONEN

Für die Buchteln

250 ml Milch
35 g frische Hefe
500 g Weizenmehl
(Type W700 bzw. Type 550)
plus etwas zum Verarbeiten
3 Eigelb
60 g Vollzucker
1 Pck. Vanillezucker
Abrieb von 1 Bio-Zitrone
2 Prisen Salz
80 g weiche Butter
250 g Nougat

Außerdem

60 g zerlassene Butter
plus etwas für die Formen
Puderzucker zum Bestäuben
Auflaufform (ø 15 cm)
Auflaufform (15 cm x 10 cm)

Zitronentarte mit Baiserhaube

ZUBEREITUNG

Den Combidampfgarer auf 180 °C Combigaren mit Heißluft bei 10 % Feuchtigkeit vorheizen. Die Tarteformen fetten und mit Mehl ausstäuben. Für den Boden alle Zutaten verrühren und auf die Formen verteilen. 10 Min. braun backen. Auskühlen lassen.

Für die Creme die Gelatine in kaltem Wasser einweichen. Butter, Zucker, Zitronenabrieb und -saft in einem Topf bei mittlerer Temperatur aufkochen. Die Eier verquirlen und schnell in die kochende Flüssigkeit einrühren. Die Hitze reduzieren, dabei die Creme ständig mit einer Gummiteigspachtel umrühren, bis sie bindet, dabei keinesfalls kochen lassen. Die Creme in eine Rührschüssel füllen. Die Gelatine ausdrücken und in der noch heißen Zitronencreme auflösen. Die Creme durchrühren, auskühlen und auf den Böden verteilen. 3 Std. kalt stellen.

Den Combidampfgarer auf Grillstufe 3 ohne Feuchtigkeit vorheizen. Für das Baiser die Eiweiße steif schlagen, dabei nach und nach die Hälfte des Puderzuckers zugeben, bis die Masse cremig ist. Anschließend den restlichen Puderzucker unterheben. Die Baisermasse mit einem Löffel auf der Zitronencreme verteilen. Die Tartes in den Dampfgarer geben und die Baiserhaube 2–3 Min. bräunen.

ZUBEREITUNGSZEIT

70 Min. plus Garzeit

SCHWIERIGKEITSGRAD

schwer

FÜR 4 PORTIONEN

Für den Boden

1 EL Olivenöl
2 EL Honig
60 g Haferflocken
1 TL Rum

Für die Creme

2 Blatt Gelatine
150 g Butter
70 g Vollzucker
Abrieb von 2 Bio-Zitronen
100 ml Zitronensaft
4 Eier

Für das Baiser

2 Eiweiß
120 g Puderzucker

Außerdem

2 Tarteformen (ø 12 cm)
Butter und Mehl für die Formen

Reis-Soufflé mit Rhabarber in Grenadinesirup

ZUBEREITUNGSZEIT

60 Min.

SCHWIERIGKEITSGRAD

schwer

FÜR 4 PORTIONEN

Für den Rhabarber

500 g Rhabarber
50 ml Grenadinesirup
300 ml Orangensaft
40 g Zucker

Für das Soufflé

80 g Parboiled Reis
160 ml Milch
3 Eier
30 g Butter
40 g Mehl
150 ml Milch
60 g Zucker

Außerdem

etwas Butter und Zucker für die Formen
Puderzucker zum Bestäuben
4 ofenfeste Formen (ø 8 cm)

ZUBEREITUNG

Den Combidampfgarer auf 170 °C Combigaren mit Heißluft bei 60 % Feuchtigkeit vorheizen. Den Rhabarber schälen, schräg in 3 cm lange Stücke schneiden, in einer Wannenform mit Grenadinesirup, Orangensaft und Zucker mischen und ca. 10 Min. bissfest garen. Auskühlen lassen (der Rhabarber gart in der heißen Flüssigkeit nach).

Für das Soufflé den Reis mit der Milch mischen und im Dampfgarer bei gleicher Einstellung 25 Min. garen. Mit einer Gabel auflockern.

Den Combidampfgarer auf 160 °C Combigaren mit Heißluft bei 60 % Feuchtigkeit vorheizen. Die Eier trennen. Die Butter in einem Topf schmelzen, das Mehl einrühren, anschließend die Milch angießen. Unter ständigem Rühren aufkochen, bis eine glatte Béchamelsoße entsteht. Die Eigelbe und die Reismasse unterheben. Die Eiweiße steif schlagen, dabei nach und nach den Zucker einrieseln lassen, bis ein cremiger Eischnee entsteht. Den Eischnee unterheben.

Die Formen fetten und mit Zucker ausstreuen. Den Soufflételig einfüllen. Die Formen auf ein Backblech stellen und die Soufflés 15–20 Min. backen. Mit Puderzucker bestäuben und mit dem Rhabarber servieren.

Easy Living
Der Dampfgarer als täglicher Küchenhelfer

Dampfgargeräte können Sie nicht nur zum Kochen verwenden. Sie lassen sich darüber hinaus als praktische Helfer im Küchenalltag einsetzen. Der Combidampfgarer eignet sich beispielsweise hervorragend zum Aufwärmen von Speisen. Babybrei in Gläsern, Gemüsegerichte, Suppen, Pasta, Eintöpfe oder Ragouts können mit der Dampffunktion rasch und schonend erwärmt werden. Mit der Combidämpffunktion können Sie außerdem Brot und Gebäck vom Vortag aufbacken oder übrig gebliebene Speisen wie Aufläufe, Bratlinge oder Knuspriges in der Kombination von Dampf und Heißluft schnell und bequem erhitzen.

Honig schmelzen im Dampfgarer

Herrlich cremiger Honig kann nach einer Weile kristallisieren. Oft bleibt er dann im Glas übrig, weil ihn niemand mehr essen möchte. Mit dem Dampfgarer können Sie die Zuckerkristalle im Honig schonend wieder zum Schmelzen bringen. Dazu das Honigglas mit leicht aufgedrehtem Deckel bei 40 °C mit 100 % Feuchtigkeit rund 90 Minuten in den Dampfgarer stellen und den Honig dabei von Zeit zu Zeit umrühren.

Äpfel konservieren

Unbehandelte Äpfel können Sie mittels Dampf länger haltbar machen. Dazu die Äpfel bei 50 °C mit 100 % Feuchtigkeit fünf Minuten dämpfen. So halten sich unbehandelte Äpfel rund fünf bis sechs Monate in einem trockenen, kühlen und gut durchlüfteten Raum.

Sterilisieren

Wenn Keimfreiheit angesagt ist, ist der Dampfgarer ein wunderbarer Helfer. Babyfläschchen, Schnuller und Sauger werden im Dampfgarer rasch und schonend sterilisiert. Dazu die Fläschchen vorher gründlich mit Wasser und einer Fläschchenbürste säubern. Schnuller und Sauger heiß abwaschen und anschließend bei 100 °C mit 100 % Feuchtigkeit rund 20 Minuten sterilisieren. Überprüfen Sie sicherheitshalber vorher in der Herstellerbeschreibung, ob die Materialien hitze- und dampfbeständig sind.

Mit dem Dampfgarer werden auch Einmachgläser und Flaschen für Marmelade, Sirup, essigsauer Eingelegtes, Pesto & Co. einfach und bequem steril, sodass einer professionellen Vorratsküche nichts mehr im Weg steht. Sterile

Feuchte Gästehandtücher mit Aroma

Wenn Sie Ihren Gästen vor dem Essen etwas Gutes tun wollen, bieten Sie Ihnen ein dampfendes Gästehandtuch an. Dazu feuchten Sie die Gästehandtücher an und rollen Sie diese fest zusammen. Legen Sie sie anschließend in einen gelochten Garbehälter und erwärmen Sie die Tücher 2 Min. mit der Einstellung Dampfgaren bei 70 °C. Je nach Jahreszeit und Geschmack können Sie das Wasser, mit dem Sie die Tücher befeuchten, mit einem Tropfen ätherischem Öl versehen. So kühlt ein Tropfen Minze am Tuch beispielsweise im Sommer wunderbar. Und nach einer stressigen Arbeitswoche entspannt ein Tropfen Lavendel- oder Melissenöl Ihre Tischgesellschaft schon vor der Vorspeise.

Behälter sind in der Vorratsküche die Grundlage für gutes Gelingen, damit nichts schimmelt und Sie sich das ganze Jahr an den Vorräten erfreuen können.

Obst & Gemüse einmachen

Wenn im Hochsommer pralle Früchte süß und vollreif am Baum oder Strauch hängen oder auf den Wochenmärkten feilgeboten werden, ist die beste Zeit, um schmackhafte und gesunde Fruchtdesserts zuzubereiten oder Vorräte für die kalte Jahreszeit anzulegen, die uns neben einer Extraportion Vitamine und Mineralstoffe mit dem vollen Geschmack des Sommers und der gesunden natürlichen Fruchtsüße versorgen. Bei dieser Art von Desserts müssen wir uns wenig Sorgen über Kalorien machen. Obstmus, Kompott oder zuckerarmer und durstlöschender Saft gelingen im Dampfgarer quasi von selbst. Und das Einmachen im sterilen Glasbehälter sorgt für eine lange Haltbarkeit, ohne dass wir schädliche Konservierungsmittel beifügen müssen. Dazu wird das heiße Gargut einfach in sterilisierte Einmachgläser gefüllt. Die Gläser fest verschließen und mit der Einstellung Dampfgaren bei 100 °C einkochen. Auch reiche Pilzfunde im Spätsommer lassen sich mit dem Dampfgarer haltbar machen. Probieren Sie unser Rezept für die Kräuterseitlinge mit Lorbeer (siehe S. 31), für das Sie beispielsweise auch Steinpilze verwenden können.

Kompott – fruchtige Erinnerung an Großmutters Küche

Kompotte sind leider in den letzten Jahren etwas aus der Mode gekommen. Dabei sind die gekochten Früchte besonders wertvolle Mahlzeiten. Gerade ganzheitliche Ernährungslehren wie diejenige der Traditionellen Chinesischen Medizin wissen um den gesundheitlichen Mehrwert dieser kalorienarmen und leicht verdaulichen Obstmahlzeit.

Selbst gemachte Kompotte versorgen den Organismus mit wertvoller Flüssigkeit, Vitaminen und Mineralstoffen. Im Gegensatz zu gekaufter Ware können wir den Zuckergehalt selbst bestimmen. Und wenn die Früchte sonnengereift sind, muss man gar keinen Zucker zusetzen, da das Obst selbst süß genug ist. Kompotte können Sie darüber hinaus in Gläser „einmachen" und somit den Geschmack des Sommers das ganze Jahr über auf den Tisch bringen. Der Fantasie ist beim Kochen von Kompott keine Grenze gesetzt. Kombinieren Sie sonnengereiftes Sommerobst mit aromatischen Gewürzen wie Vanille, Zimt, Ingwer und Kardamom oder Kräutern wie Pfefferminze, Zitronengras oder Zitronenmelisse.

Mus und Röster

Apfelmus, Birnenmus, Beerenmus, Zwetschgenmus, Zwetschgenröster oder Hollerröster lassen sich als köstliche und gesunde Desserts oder fruchtige Soßen zu pikanten Gerichten genießen. Ähnlich wie Konfitüre und Kompott können Mus und Röster in Gläser eingekocht werden und halten somit mehrere Monate – ideal für die moderne Vorratsküche.

Zuckerarme Limonade

Mit dem Dampfgarer fix zubereitet sind Kompott- und Kräutersäfte, die als Alternative zu zuckerhaltiger Industrie-Limonade das ganze Jahr über herrlich als Durstlöscher eingesetzt werden können.

Vanille-Kirsch-Kompott

FÜR 5 GLÄSER (À 200 ML)

700 g sonnengereifte Süßkirschen
1 Vanilleschote
300 ml Wasser

ZUBEREITUNG

Die Kirschen von den Stielen befreien und wenn gewünscht entsteinen. Die Vanilleschote längs halbieren und das Mark herauskratzen.

Kirschen, Vanillemark und -schote in einen ungelochten Garbehälter geben und das Wasser angießen. Mit der Einstellung Dampfgaren bei 100 °C 5 Min. dämpfen. Die Vanilleschote entfernen und das Kirschkompott in sterilisierte Gläser füllen. Die Gläser verschließen und weitere 20 Min. sterilisieren. Kühl und dunkel lagern.

Omas Apfelmus

FÜR 5 GLÄSER (À 250 ML)

1 kg mürbe Äpfel
½ Vanilleschote
1 Zimtstange
5 Gewürznelken
2 Stück Sternanis
Abrieb und Saft von 1 Bio-Zitrone
20 g Vollzucker
100 ml fruchtiger Weißwein
100 ml Wasser

ZUBEREITUNG

Die Äpfel schälen, vom Kerngehäuse befreien, klein schneiden und in einen ungelochten Garbehälter füllen. Die Vanilleschote längs halbieren und das Mark herauskratzen.

Vanillemark und -schote mit den restlichen Gewürzen zu den Äpfeln geben. Zitronenabrieb und -saft sowie Zucker zufügen. Wein und Wasser angießen. Mit der Einstellung Dampfgaren bei 100 °C 30 Min. dämpfen. Die Gewürze entfernen und das Mus pürieren.

Um das Apfelmus haltbar zu machen, in sterilisierte Einmachgläser füllen, die Gläser verschließen und bei 100 °C 20 Min. im Dampf sterilisieren. Kühl und dunkel lagern.

TIPP

Für eine alkoholfreie Variante können Sie den Wein einfach weglassen.

Ingwer-Minze-Saft

FÜR CA. 1 L

40 g Ingwer
2 Stängel frische Minze
Abrieb und Saft von 1 Bio-Limette
20 g Vollzucker
1 l Wasser

ZUBEREITUNG

Den Ingwer schälen und in Scheiben schneiden. Die Minze abbrausen, trocken tupfen und die Blätter abzupfen. Ingwer, Minze, Limettenabrieb und -saft sowie Zucker mit dem Wasser in einen ungelochten Behälter füllen. Mit der Einstellung Dampfgaren bei 100 °C 20 Min. dämpfen. Gleichzeitig die Einmachflasche sterilisieren.

Den Saft in die sterilisierte Flasche füllen, die Flasche verschließen und den Saft weitere 20 Min. sterilisieren. Auskühlen lassen. Die selbst gemachte Limonade hält sich ungeöffnet einige Monate im Kühlschrank oder Keller. Sie ist ein herrlicher Durstlöscher und kann sowohl heiß als auch kalt genossen werden.

Tomaten wie frisch aus Italien

Gemüseragout wie Letscho oder Ratatouille können Sie ähnlich wie Marmelade, Mus oder Kompott mit dem Dampfgarer in Einmachgläsern haltbar machen und haben so bis zur nächsten Saison gartenfrische Gemüsegerichte auf Vorrat. Aber auch ganz schlichte Pelati, also geschälte Tomaten, oder Passata, also pürierte Tomatensoße, sind wertvolle Güter in der Vorratskammer für die Zubereitung von Pizza, Pasta & Co. Wenn Sie auf dem Markt vollreife Bio-Tomaten bekommen oder gar aus dem eigenen oder Omas Garten die wohlschmeckende Tomatenernte für den Winter einmachen möchten, ist der Dampfgarer eine große Hilfe.

Pelati

FÜR 4 GLÄSER (À 250 ML)

1 kg sonnengereifte Eiertomaten

ZUBEREITUNG

Die Tomaten kreuzweise einschneiden, in einen gelochten Behälter geben und bei 100 °C mit 100 % Feuchtigkeit 1 Min. blanchieren. Anschließend die Schale abziehen und die geschälten Tomaten in sterilisierte Einmachgläser füllen. Die vollen Gläser verschließen und mit der Einstellung Dampfgaren bei 100 °C 20 Min. einmachen. Auskühlen lassen und kühl und dunkel lagern.

Passata

FÜR 4 GLÄSER (À 250 ML)

1 kg Fleischtomaten

ZUBEREITUNG

Die Tomaten kreuzweise einschneiden, in einen gelochten Behälter geben und mit der Einstellung Dampfgaren bei 100 °C 1 Min. blanchieren. Anschließend die Schale abziehen und die Tomaten im Mixer pürieren. In sterilisierte Einmachgläser füllen und bei 100 °C weitere 20 Min. sterilisieren.

Blanchieren für den Tiefkühler

Wenn Sie erntefrisches Gemüse wie Spinat, Bärlauch, Brokkoli oder Karotten einfrieren möchten, ist der Dampfgarer ebenfalls ein guter Helfer, denn Sie können damit Gemüse rasch blanchieren. Legen Sie das vorbereitete Gemüse in einen gelochten Garbehälter und blanchieren Sie es 1 Min. mit der Einstellung Dampfgaren bei 100 °C. Anschließend lassen Sie das Gemüse gut abtropfen. Dann können Sie es portioniert einfrieren.

Brei aus dem Dampfgarer

Wenn wir den Zyklus eines Menschenlebens in Bezug auf die erforderliche Konsistenz von Mahlzeiten betrachten, stellen wir fest, dass am Anfang und am Ende unseres Lebens Brei aller Art unbestreitbar eine wichtige Rolle spielt. Sobald das Baby nicht mehr ausschließlich gestillt wird, ist Breikost angesagt. Vorrangig frisches Obst und Gemüse aus Bio-Landwirtschaft, aber auch vollwertiges Getreide, Fisch, Geflügel oder Rind- und Kalbfleisch bekommt das Baby in Form von Brei, solange die eigenen Kauwerkzeuge noch nicht ausreichend ausgebildet sind. Dabei müssen sich Eltern nicht ausschließlich auf fertige Gläschenware verlassen, zumal die Zubereitung im Dampfgarer einfach und schnell von der Hand geht.

Aber auch für ältere Menschen sind Mahlzeiten mit weicher Konsistenz und in Breiform eine Erleichterung, wenn Zähne nicht mehr vollständig vorhanden sind oder Kau- und Schluckleistung nachlassen. Dass beim Dampfgaren der Eigengeschmack der Zutaten besonders zum Vorschein kommt, ist gerade für Genießer in höherem Alter eine gute Nachricht, denn die Geschmacksknospen verlieren über die Jahre an Sensibilität. Für Jung und Alt ist die Zubereitung von Brei im Dampfgarer also eine besondere Wohltat. Denn das Dampfgaren liefert geschmackvolle und gesunde Mahlzeiten aus Gemüse, Getreide, Fisch, Fleisch oder Obst.

Leckerli für Hund und Katze

Wer auf seine Ernährung achtet und ein Haustier besitzt, wird sich vermutlich irgendwann die Frage stellen, ob es nicht auch seinem Tier guttäte, statt fertigem Dosenfutter Frischgekochtes zu verzehren. Die Antwort liegt auf der Hand: Natürlich tut das Ihrem Haustier ebenso gut wie Ihnen selbst. Der Dampfgarer ist auch dafür äußerst hilfreich, denn Reis, Gemüse, Fleisch, Fisch oder Geflügel lassen sich im Dampfgarer schonend und effizient auch zu Hunde- oder Katzenfutter verarbeiten. Rezepte für Ihren vierbeinigen Liebling finden Hunde- und Katzenbesitzer in Tierzeitschriften und auf einschlägigen Internetseiten. Was für Ihr Tier besonders gut oder gar nicht geeignet ist, besprechen Sie am besten mit dem Tierarzt oder der Tierärztin.

Register

Die Autoren

Ulrike Zika ist Ernährungsberaterin nach TCM und Autorin zahlreicher Kochbücher und Gesundheitsratgeber. Dampfgaren zählt seit Jahren zu ihren Lieblings-Zubereitungsmethoden. Gesundheit verbindet die leidenschaftliche Köchin stets mit hohen Ansprüchen an den kulinarischen Genuss, denn was nicht schmeckt, wird nicht gegessen und hat somit auch keine Chance, gesund zu sein!

Alexander Höss-Knakal ist Spitzenkoch, Foodstylist und Kochlehrer an einer Wiener Tourismusschule. Er hat sich viele Jahre in Sternelokalen um die Welt gekocht. Heute ist er erfolgreicher Foodstylist und Rezeptentwickler, der seine Rezepte mit viel Liebe zu guten Grundzutaten und kulinarischem Hochgenuss perfekt in Szene setzt.

Danke

Ein herzlicher Dank gilt unserem Fotografen Stefan Mayer. Dank seiner Kunst können wir die Buntheit unserer Rezepte in einem würdigen Licht zeigen.

Herzlichen Dank auch unserer Grafikerin Andrea Högerle, die die wertvollen Einzelteile zu einem großen Ganzen zusammengefügt und diesem Buch ein so ansprechendes Layout verpasst hat.

Ein großes Danke auch an unsere Lektorin Christine Schlitt, die mit ihrem genauen Auge für Klarheit und Korrektheit der Texte sorgt und dabei sehr umsichtig und wertschätzend vorgeht.

Besonderer Dank gebührt der Firma MIELE für die partnerschaftliche und fruchtbare Zusammenarbeit. Nicht nur die Qualität der Dampfgargeräte überzeugt uns immer wieder aufs Neue. Auch die Qualität des persönlichen und wertschätzenden Kontakts mit den Menschen des Unternehmens ist eine Wohltat. Herzlichen Dank dafür insbesondere an dich, liebe Petra Ummenberger!

Von Herzen Dank an den Kneipp Verlag, stellvertretend fürs gesamte Verlagsteam an die Programmleiterin Jasmin Parapatits und die Geschäftsführerin Elisabeth Stein-Hölzl. Ohne den Verlag und eure hochprofessionelle Arbeit wäre dieses Buch nicht geworden, was es ist, Danke für euer Vertrauen in uns!

Nicht zuletzt danken der Autor Alexander Höss-Knakal und die Autorin Ulrike Zika einander für die unkomplizierte, lohnende und lustvolle Zusammenarbeit. Mögen viele Menschen von dem Ergebnis unserer Arbeit profitieren!

STYRIA
BUCHVERLAGE

ISBN 978-3-7088-0794-2

Bücher aus der Verlagsgruppe Styria gibt es in jeder Buchhandlung und im Online-Shop www.styriabooks.at

Covergestaltung: Jefferson & Högerle
Layout und Satz: Jefferson & Högerle
Lektorat: Christine Schlitt
Projektleitung: Jasmin Parapatits
Fotos: Stefan Mayer außer Adobe Stock: 21 (Yevgeniya Shal), 68/69 (anaumenko), 106/107 (Vladimir), 121 (Picture Store), 152/153 (travelbook), Getty Images: 6 (Alxey-Pnferov), 8 (MmeEmil), 11 (zhudifeng), 12/13 (warrengoldswain), 15 (asab974), 17 (wragg), 18 (fotokris), 28 (Svetlana-Cherruty), 49 (rubio-photo), 51 (Dhoxax), 52/53 (casanisaphoto), 56 (Olena Demchenko), 55 (Aamulya), 57 (seb_ra), 71 (aga7ta), 72 (Huyangshu), 88 (merc67), 89 (ROMAOSLO), 109 (Damian-Kuzdak), 111 (Kshavratskaya), 126 (szefei), 127 (Natalya_Yudina), 140 (Tane4kaChe), 141 (NightAndDayImages), 155 (sankai), 182 (Wildroze), 185 (Kativ), Nadine Poncioni: 190 (links), Stefan Mayer: 190 (rechts)
Herstellung: Maria Schuster

Tonartbyuli – Keramik auf eine besondere ART erleben, www.tonartbyuli.at

Druck und Bindung: Neografia

Printed in the EU
7 6 5 4 3 2 1

Liebe Leserin, lieber Leser,

hat Ihnen dieses Buch gefallen? Dann freuen wir uns über Ihre Weiterempfehlung! Erzählen Sie in Ihrem Freundeskreis davon, in Ihrer Buchhandlung oder bewerten Sie das Buch online.

Wollen Sie weitere Informationen zum Thema? Möchten Sie mit den Autoren in Kontakt treten? Wir freuen uns auf Austausch und Anregung unter leserstimme@styriabooks.at

Inspiration, Geschenkideen und gute Geschichten finden Sie auf www.styriabooks.at